essentials

essentials liefern aktuelles Wissen in konzentrierter Form. Die Essenz dessen, worauf es als „State-of-the-Art" in der gegenwärtigen Fachdiskussion oder in der Praxis ankommt. *essentials* informieren schnell, unkompliziert und verständlich

- als Einführung in ein aktuelles Thema aus Ihrem Fachgebiet
- als Einstieg in ein für Sie noch unbekanntes Themenfeld
- als Einblick, um zum Thema mitreden zu können

Die Bücher in elektronischer und gedruckter Form bringen das Expertenwissen von Springer-Fachautoren kompakt zur Darstellung. Sie sind besonders für die Nutzung als eBook auf Tablet-PCs, eBook-Readern und Smartphones geeignet. *essentials:* Wissensbausteine aus den Wirtschafts-, Sozial- und Geisteswissenschaften, aus Technik und Naturwissenschaften sowie aus Medizin, Psychologie und Gesundheitsberufen. Von renommierten Autoren aller Springer-Verlagsmarken.

Weitere Bände in der Reihe http://www.springer.com/series/13088

Stefanie Molthagen-Schnöring

Gesellschaftspolitisches Engagement in Zeiten von Trump & Co.

Chancen und Risiken für Unternehmen

Stefanie Molthagen-Schnöring
Hochschule für Technik und
Wirtschaft (HTW) Berlin
Berlin, Deutschland

ISSN 2197-6708 ISSN 2197-6716 (electronic)
essentials
ISBN 978-3-658-21590-3 ISBN 978-3-658-21591-0 (eBook)
https://doi.org/10.1007/978-3-658-21591-0

Die Deutsche Nationalbibliothek verzeichnet diese Publikation in der Deutschen Nationalbibliografie; detaillierte bibliografische Daten sind im Internet über http://dnb.d-nb.de abrufbar.

Springer VS

Gedruckt auf säurefreiem und chlorfrei gebleichtem Papier

Springer VS ist ein Imprint der eingetragenen Gesellschaft Springer Fachmedien Wiesbaden GmbH und ist ein Teil von Springer Nature
Die Anschrift der Gesellschaft ist: Abraham-Lincoln-Str. 46, 65189 Wiesbaden, Germany

Was Sie in diesem *essential* finden können

- Eine Einordnung des gesellschaftspolitischen Engagements von Unternehmen an der Schnittstelle von Corporate Social Responsibility, Public Affairs und Unternehmenskommunikation
- Einen Überblick über Kommunikationsstrategien und -maßnahmen zur gesellschaftspolitischen Positionierung von Unternehmen
- Stimmen und Beispiele aus der Unternehmenspraxis

Inhaltsverzeichnis

Über die Autorin

Stefanie Molthagen-Schnöring ist Professorin für Wirtschaftskommunikation an der Hochschule für Technik und Wirtschaft (HTW) Berlin. Sie lehrt und forscht zu politischer, Finanz- und strategischer Unternehmenskommunikation.

Gesellschaftspolitisches Engagement in Zeiten der Polarisierung

1

„You don't look like you are from around here" – mit diesen Worten beginnt der Werbespot „Born the Hard Way", den die Brauerei Anheuser-Busch InBev zum Super Bowl 2017 erstmals ausstrahlte. Er erzählt die Geschichte des Firmengründers Adolphus Busch, der in der zweiten Hälfte des 19. Jahrhunderts aus Deutschland in die USA emigriert war. Eine Woche nachdem US-Präsident Donald Trump ein Einreiseverbot für Menschen aus einigen Ländern mit mehrheitlich muslimischer Bevölkerung erklärt hatte, wurde der Spot als politisches Statement begriffen und vielfach kommentiert. Auch wenn der Vice President Marketing von Anheuser-Busch, Marcel Marcondes, eine direkte Bezugnahme auf politische Ereignisse mit den Worten „We created the Budweiser commercial to highlight the ambition of our founder, Adolphus Busch, and his unrelenting pursuit of the American Dream" verneinte, wurde der Spot genau so interpretiert. Innerhalb kürzester Zeit verzeichnete er auf YouTube mehr als 5 Mio. Zugriffe (Ende Dezember 2017 waren es fast 30 Mio.) und sorgte für eine rege und kontroverse Diskussion vor allem in den sozialen Medien. Unter #BoycottBudweiser äußerten viele User ihren Ärger, wie folgender Post zeigt: „Way to go @Budweiser you have managed to piss off Middle America." (Wright 2017, o. S.). Doch es gab auch positive Stimmen der Art: „Bravo #Budweiser, for reminding us that we all came from somewhere" (ebd.).

#menschwachauf – unter diesem Hashtag startete der Hamburger Brause-Hersteller fritz-kola im Juni 2017 eine Online- und Print-Kampagne vor dem G20-Gipfel, der Anfang Juli in der Stadt stattfinden sollte. Die Regierungschefs Erdogan, Putin und Trump werden auf schwarz-weiß-Plakaten schlafend dargestellt, als verschlössen sie die Augen vor der Welt. Das Motiv verweist auf die generelle Werbung des Unternehmens, das für seine alternative Kola stets mit dem Slogan „viel, viel Koffein" wirbt, nimmt aber zugleich auf aktuelle politische Ereignisse Bezug. fritz-kola Geschäftsführer Mirco Wiegert forderte auf

S. Molthagen-Schnöring, *Gesellschaftspolitisches Engagement in Zeiten von Trump & Co.*, essentials, https://doi.org/10.1007/978-3-658-21591-0_1

der Microsite zur Kampagne jedoch nicht nur die Politiker auf, die Augen zu öffnen, sondern auch die Bevölkerung: „Was mir wichtig ist: Mund aufmachen und Haltung zeigen." (fritz-kola 2017, o. S.). Der Aufruf wurde mit einem Versprechen verbunden: „Jede Haltung, die unter dem Hashtag #menschwachauf auf Instagram oder Twitter gepostet wird, geben wir in Form einer Spende an die Obdachlosen in Deutschland weiter" (ebd.). Das Feedback in den sozialen Medien war gemischt. Auf Instagram gab es Stand Dezember 2017 rund 6000 Aufrufe, viele Kommentare beglückwünschten die fritz-kola-Macher zu ihrer Idee, doch es gab auch Hashtags wie #niewiederfritzkola, #möchtegernmarketing oder #fritzkola #neindanke.

Anheuser-Busch und fritz-kola sind zwei Beispiele für Unternehmen, die sich in jüngster Vergangenheit in gesellschaftspolitische Debatten[1] eingemischt haben oder zumindest in sie verwickelt wurden. Die überraschende Wahl des US-Präsidenten Trump war eines der einschneidenden politischen Ereignisse der letzten Jahre, das viele Diskussionen, u. a. über die Mehrheitsfähigkeit rechtspopulistischer Positionen, ausgelöst und Stellungnahmen provoziert hat. Der Debatten gibt es jedoch weitaus mehr: Ehe für alle, Integration, Klimawandel oder Digitalisierung beeinflussen Politik, Gesellschaft und Wirtschaft gleichermaßen und werden entsprechend intensiv diskutiert. In den Medien und auf Veranstaltungen wird zunehmend die Forderung nach einer „Haltung" laut, die diejenigen einnehmen sollen, die Verantwortung tragen. Auch Unternehmen werden als Adressaten dieser Forderung genannt.

Da die Folgen einer solchen Positionierung zu aktuellen Debatten aber unkalkulierbar erscheinen, ist aufseiten der Unternehmen eine gehörige Portion Skepsis im Spiel: „Lohnt" sich das Engagement, auch im wirtschaftlichen Sinne? Wie reagieren die unterschiedlichen Stakeholder, wenn sich ein Unternehmen gesellschaftspolitisch positioniert? Welches Feedback kommt von Kunden, Investoren, Konkurrenten, NGOs u. a.? Wie offensiv oder defensiv kann eine Haltung in gesellschaftspolitischen Fragen nach außen und innen kommuniziert werden?

Auf diese Fragen gibt das vorliegende *essential* Antworten. Es kann aufgrund der Aktualität des Phänomens dabei noch nicht auf eine umfangreiche Literaturbasis zurückgreifen. Daher werden ergänzend Erkenntnisse aus zehn Experteninterviews eingebunden, die zwischen Oktober 2017 und Januar 2018 mit

---

[1]Gesellschaftspolitik meint Themen und Maßnahmen, die der Gestaltung des gesellschaftlichen Zusammenlebens dienen. Gesellschaftspolitische Debatten sind dementsprechend solche, die medial und meistens über einen längeren Zeitraum in einer Gesellschaft geführt werden und die häufig in politische Maßnahmen münden.

Unternehmensvertretern und Beratern geführt wurden. Die Gesprächspartner sind in Kommunikations-, Public-Affairs- oder Corporate-Social-Responsibility-Funktionen tätig bzw. beraten Unternehmen in diesen Bereichen. In den qualitativen Interviews wurden sie nach ihrer Motivation und den Themen ihres gesellschaftspolitischen Engagements, ihren Kommunikationsstrategien und -maßnahmen sowie den Reaktionen relevanter Stakeholder befragt. Darüber hinaus interessierte die Autorin vor dem Hintergrund der oben skizzierten Polarisierung die Einschätzung der Experten bezüglich der Chancen bzw. Risiken, die ein solches Engagement für das Reputationsmanagement und den Aufbau von Vertrauen in ein Unternehmen hat.

Gesellschaftspolitisches Engagement von Unternehmen – eine theoretische Einordnung 2

Verschiedene Konzepte und Theorien erläutern, warum und wie Unternehmen gesellschaftlich und politisch agieren und wie sich dieses Handeln zu ihrem wirtschaftlichen Kerngeschäft verhält. Im folgenden Abschnitt werden ausgewählte Konzepte vorgestellt um so die aktuelle Debatte um die gesellschaftspolitische Verantwortung von Unternehmen besser verstehen und einordnen zu können.

Corporate Social Responsibility (CSR)
Das Konzept der sozialen Verantwortung von Unternehmen ist kein neues, sondern kann bis in die 30er Jahre des 20. Jahrhunderts zurückverfolgt werden, als Werke wie „The Functions of the Executive" (1938) des amerikanischen Management-Theoretikers Chester Barnard erschienen (vgl. Carroll 1999, S. 268 f.). Archie Carroll, einer der profiliertesten CSR-Theoretiker unserer Tage, benennt Howard Bowen als „Father of Corporate Social Responsibility" (ebd., S. 270). Bowen definiert in seinem 1953 erschienenen Buch „Social Responsiblities of the Businessman" die soziale Verantwortung eines Managers wie folgt: „It refers to the obligations of businessmen to pursue those policies, to make those decisions, or to follow those lines of action which are desirable in terms of the objectives and values of our society" (Bowen 1953, S. 6; zitiert nach Carroll 1999, S. 270).

Die Verantwortung, konform zu gesellschaftlichen Werten zu handeln, wird diesem Verständnis nach der konkreten Person des Managers zugeschrieben und keinem abstrakten Kollektiv, wie dies der Begriff der Corporate Social Responsibility oder Unternehmensverantwortung impliziert. In der weiteren Diskussion wurde jedoch der Fokus zunehmend auf die gesamte Organisation bzw. auf die gesellschaftlichen Auswirkungen ihres Handelns gerichtet und die Frage gestellt, worauf genau sich die gesellschaftliche Verantwortung eines Unternehmens eigentlich beziehe. Nach dem viel zitierten Pyramidenmodell von Archie Carroll (1991) besteht die CSR eines Unternehmens aus vier Ebenen: Die Basis bildet die

S. Molthagen-Schnöring, *Gesellschaftspolitisches Engagement in Zeiten von Trump & Co.*, essentials, https://doi.org/10.1007/978-3-658-21591-0_2

wirtschaftliche Ebene, auf der sich die rechtliche, die ethische und zuletzt die philanthropische Ebene aufbauen. Carroll (ebd., S. 43) fasst zusammen: „The CSR firm should strive to make a profit, obey the law, be ethical and be a good corporate citizen."

In Europa wurde der Diskurs um CSR interessanterweise nicht nur von Wissenschaft und Praxis, sondern maßgeblich von der Politik vorangetrieben. In dem 2001 veröffentlichten „Grünbuch – Europäische Rahmenbedingungen für die soziale Verantwortung der Unternehmen" wird seitens der europäischen Bürokratie von CSR als einem Konzept gesprochen, „das den Unternehmen als Grundlage dient, auf freiwilliger Basis soziale Belange und Umweltbelange in ihre Unternehmenstätigkeit und in die Wechselbeziehungen mit den Stakeholdern zu integrieren" (Kommission der Europäischen Gemeinschaften 2001, S. 7). Der Fokus liegt dabei auf der sozialen und ökologischen Dimension verantwortlichen Handelns, wie die im Grünbuch genannten Aspekte Arbeitsschutz, Achtung der Menschenrechte sowie Umweltverträglichkeit zeigen. 2011 legte die EU-Kommission eine neue Nachhaltigkeitsstrategie vor, in der stärker als zuvor betont wird, dass die soziale Verantwortung von Unternehmen relevant für deren Wettbewerbsfähigkeit ist und gleichzeitig einen strategischen Ansatz darstellt, um das Vertrauen der Öffentlichkeit nach der Finanz- und Wirtschaftskrise der vorherigen Jahre wiederzugewinnen (vgl. Europäische Kommission 2011, S. 4 f.).

Unter anderem aus den zitierten Definitionen wurden in Wissenschaft und Praxis Handlungsfelder der CSR abgeleitet. Nach Loew und Braun (2009, S. 6) umfassen diese die Bereiche:

- Betrieblicher Umweltschutz
- Interessen der Mitarbeiter
- Ökologische Produktverantwortung
- Verbraucherschutz und Kundeninteressen
- Umweltschutz in der Supply Chain
- Arbeitsbedingungen und Menschenrechte in der Supply Chain
- Faire Handels- und Geschäftspraktiken
- Bürgerschaftliches Engagement
- Unterstützung gesellschaftlicher Entwicklung

In die letzten zwei Bereiche fallen auch klassische Lobbyarbeit oder Unternehmensstiftungen – Maßnahmen, die in Bezug auf die gesellschaftspolitische Positionierung von Unternehmen eine Rolle spielen. Allerdings wird das gesellschaftspolitische Engagement von Unternehmen selbst von Loew/Braun nicht als eigenes Handlungsfeld aufgeführt.

Zusammenfassend lässt sich sagen, dass das Konzept der klassischen Corporate Social Responsibility aufgrund seiner allgemeinen Bedeutung durchaus ein Dach für die gesellschaftspolitische Verantwortung von Unternehmen und Unternehmern bietet. Eine Engführung auf ökologische Aspekte, wie sie noch in den 80er und 90er Jahren üblich war, ist inzwischen zugunsten eines breiteren Verantwortungsbegriffs überwunden. Gleichzeitig bedarf es genau deswegen einer Konkretisierung: Was bedeutet es, wenn Unternehmen sich nicht nur ökologisch oder im traditionellen Sinne sozial, sondern auch gesellschaftspolitisch verantwortungsbewusst zeigen?

Corporate Political Activity (CPA)
Unabhängig von CSR-Aktivitäten sind Unternehmen schon immer politisch aktiv gewesen. Das genuin politische Engagement eines Unternehmens wird in der englischsprachigen Literatur unter dem Begriff der „Corporate Political Activity" (oder auch Action) zusammengefasst, während im deutschsprachigen Raum zumeist von Lobbying bzw. Public Affairs gesprochen wird. Ähnlich wie CSR werden auch CPA bzw. Lobbying/Public Affairs als „non-market-strategy" bezeichnet (vgl. Doh et al. 2012), d. h. es besteht ökonomisch gesprochen kein klassischer Markt sowie kein unmittelbarer monetärer Nutzen der Unternehmensaktivität. Dem kann allerdings entgegen gehalten werden, dass auch auf politischen Märkten gehandelt wird, und zwar in erster Linie mit Informationen und Wählerstimmen, aber durchaus auch mit finanziellen Ressourcen (vgl. Bonardi et al. 2005, S. 400), wenn man beispielsweise an Wahlkampfspenden in die eine oder Investitionszuschüsse in die andere Richtung denkt.

Die amerikanische Managementwissenschaftlerin Kathleen Getz versteht unter Corporate Political Action „any deliberate firm action intended to influence governmental policy or process" (Getz 1997, S. 32 f.). Den kommunikativen Charakter betont Bauer (2017, S. 38) mit ihrer Definition von Lobbying als „any communication process between individuals representing the firm interest and policy-makers, stimulated by the firm representative with the intent to influence policy-making". In der Praxis reden Unternehmen und Dienstleister weniger von Lobbying, sondern verwenden bevorzugt Begriffe wie Governmental Relations oder Public Affairs (vgl. ebd., S. 36). Dies liegt erstens an dem eher negativ konnotierten Begriff Lobbying in Deutschland und zweitens daran, dass Public Affairs ein weiteres Verständnis von Beziehungsmanagement zu verschiedenen Stakeholdern in Politik und Gesellschaft impliziert.

Die Frage nach den Gründen für CPA-/Lobbying-Aktivitäten wurde vielfältig erforscht und kann in aller Kürze beantwortet werden mit: Es liegt im ureigenen Interesse eines Unternehmens, seine Position gegenüber der Politik deutlich zu machen um daraus einen Vorteil für die eigene Unternehmenstätigkeit zu ziehen. Getz (1997, S. 56) fasst die Erkenntnisse der Literatur folgendermaßen zusammen: „So, why does a firm engage in CPA? Because there is an immediate or potential environmental uncertainty." Demnach erfolgt CPA aus einer eher defensiven Haltung heraus: Ein Unternehmen antizipiert Herausforderungen, die sich für seine Geschäftstätigkeit ergeben könnten, wie höhere Steuern, eine Gesetzesinitiative, generelle Prozesse des Strukturwandels o. ä., und versucht bei der Politik im Sinne des eigenen Interesses Einfluss zu nehmen. Umgekehrt möchten auch Politik und Verwaltung die ökonomischen Folgen ihrer Entscheidungen möglichst genau abschätzen und sind daher auf den Austausch mit Unternehmen und Verbänden angewiesen.

Zu enge Verflechtungen zwischen Industrie und Politik und eine Reihe von Lobbying-Skandalen haben jedoch zu dem erwähnten ambivalenten bis negativen Image von Lobbying in der Öffentlichkeit geführt. Es verwundert daher nicht, dass die CPA-Aktivitäten eines Unternehmens von den Stakeholdern eher kritisch gesehen werden, während CSR im Allgemeinen ein positiver Effekt auf die Reputation eines Unternehmens zugesprochen wird (vgl. den Hond et al. 2014, S. 793ff.).

In den von mir geführten Experteninterviews wurde das Verständnis von Lobbying als einem direkten Beeinflussungsversuch gegenüber Politikern hinterfragt bzw. als nicht mehr zeitgemäß bewertet. Unternehmen müssten sich klar machen, dass sie nur ein „Akteur auf dem Spielfeld" seien und globale Probleme wie der Klimawandel nur gemeinsam angegangen werden könnten. Klassische Lobbying-Aktivitäten wie Kamingespräche mit Parlamentariern oder das Verfassen von Kommentaren bzw. Prüfsteinen zu Regierungsvorlagen werden damit sicherlich nicht obsolet, jedoch zunehmend durch transparente Dialogformate oder gemeinsames Campaigning, bspw. von Unternehmen und NGOs für eine übergeordnete Zielsetzung, ergänzt.

Im Einklang damit ist auch zu sehen, dass das Thema verantwortungsbewusstes Lobbying in der Forschung vermehrt Beachtung findet. So hat Anastasiadis (2014) in einer empirischen Studie Lobbyisten aus der Automobilbranche befragt, inwiefern die Unternehmensverantwortung Lobbying motiviert und legitimiert. Im Ergebnis zeigt sich, dass Lobbying und CSR in den Unternehmen bisher weitgehend unverbunden nebeneinander standen, was aber in der heutigen Gesellschaft mit einer vielstimmigen digitalen Öffentlichkeit erhebliche Reputationsrisiken birgt (vgl. ebd., S. 289). Bauer (2017) hat diese Gedanken in ein Modell für „Responsible Lobbying" überführt, das auf drei Säulen beruht: der Integration von Lobbying- und CSR-Aktivitäten, der Berücksichtigung unterschiedlicher Stakeholderinteressen sowie der Beachtung des gesellschaftlich akzeptierten Wertekanons (vgl. ebd., S. 109). Das politische Engagement eines Unternehmens wird in der aktuellen Forschung somit verstärkt unter ethischen Gesichtspunkten betrachtet, was sicherlich auch mit den erwähnten Lobbying-Skandalen zusammenhängt.

Corporate Political Responsibility (CPR)

Die skizzierten Forschungstraditionen von CSR einerseits und CPA andererseits spiegeln eine Tradition in Wissenschaft und Praxis wider, der zufolge die beiden Bereiche weitgehend getrennt voneinander betrachtet wurden. Seit Anfang der 2000er Jahre wird jedoch die politischen Dimension wirtschaftlichen Handelns stärker mit der gesellschaftlichen Verantwortung eines Unternehmens verbunden. Daher werden im folgenden Abschnitt ausgewählte aktuelle Konzepte einer politisch ausgerichteten Unternehmensverantwortung vorgestellt.

International sind als Pioniere dieser Denkrichtung Andreas Scherer und Guido Palazzo zu nennen, die die politische Rolle von Unternehmen in einer globalisierten Welt zum Ausgangspunkt ihrer Überlegungen nehmen. Sie verorten ihre Forschung weiterhin unter dem Dach des CSR-Konzepts (vgl. Scherer und Palazzo 2007, S. 1096), dessen klassische Ausrichtung der aktuellen ökonomischen wie gesellschaftlichen Lage der Unternehmen jedoch nicht mehr gerecht werde (vgl. Scherer und Palazzo 2012, S. 24). Eine in dieser Form neue politische Unternehmensverantwortung resultiert für sie in erster Linie aus der globalen Dimension der Unternehmenstätigkeit, wie sie mittlerweile State of the Art ist:

> We suggest that, in order to respond to the globalization phenomenon and the emerging post-national constellation, it is necessary to acknowledge a new political role of business that goes beyond mere compliance with legal standards and conformity with moral rules (ebd., S. 23).

Unternehmen agieren in verschiedenen Ländern und sind mit unterschiedlichsten Geschäftspraktiken, Arbeitsbedingungen und moralischen Vorstellungen konfrontiert. Gleichzeitig wächst ihre Macht und Möglichkeit, jenseits einzelner nationaler Regierungen genau diese Praktiken und Bedingungen zu beeinflussen, indem sie bspw. für vernünftige Arbeitsbedingungen, gerechte Löhne u. ä. sorgen. Für Scherer/Palazzo ist der Staat nicht mehr der hauptsächliche politische Akteur, sondern es sind Staat, Zivilgesellschaft und Unternehmen, die gemeinsam Politik machen: „…political solutions for societal changes are no longer limited to the political system but have become embedded in decentralized processes that include non-state actors such as NGOs and corporations“ (ebd., S. 39 f.).

Einen ähnlichen Ausgangspunkt wählen Matten und Crane (2005) mit ihrer Konzeption von Corporate Citizenship (CC). Sie kritisieren dabei die traditionelle

Verwendung und Quasi-Gleichsetzung von CC und CSR und die Beschränkung des Konzepts auf die philanthropische Unternehmenstätigkeit im unmittelbaren lokalen Umfeld (vgl. ebd., S. 168). Für Matten und Crane bedeutet Corporate Citizenship vielmehr, dass Unternehmen traditionelle Aufgaben des Staates übernehmen, was sie wie Scherer und Palazzo mit der Globalisierung und einem Machtverlust der Nationalstaaten erklären (vgl. ebd., S. 171). Es geht nicht darum, Unternehmen eine Art Bürgerpflicht zuzuschreiben, vielmehr werden sie zum Verwalter von Rechten und Pflichten verschiedener Stakeholder (Konsumenten, Arbeitnehmer, etc.) ernannt: „CC describes the role of the corporation in administering citizenship rights for individuals" (ebd., S. 173). Ein interessanter Nebengedanke der Argumentation von Matten und Crane ist, dass die Bürger zwar einerseits als zunehmend politikverdrossen gelten, weil sie z. B. ihr demokratisches Wahlrecht nicht mehr ausüben, sie aber andererseits vermehrt Möglichkeiten wie Produktboykotte nutzen, um politischen Druck auszuüben – jedoch weniger auf den Staat als vielmehr auf Unternehmen (vgl. ebd., S. 172).

Im deutschsprachigen Raum hat der Experte für strategische Kommunikation und politische Analyse Johannes Bohnen den Terminus „Corporate Political Responsibility" (CPR) in den Diskurs eingebracht. Bohnen hält „diese[n] neue[n] Begriff für nötig, weil unternehmerisches Handeln im 21. Jahrhundert nicht mehr mit den üblichen Begriffen wie ‚Lobbying' oder ‚Corporate Social Responsbility' zu erfassen ist" (Bohnen 2015a, S. 55). An letzterem bemängelt er die mangelnde Verankerung in den Unternehmen: CSR sei häufig „eine diffuse Angelegenheit" (Bohnen 2015b, S. 89), die mit dem Kern der Unternehmenstätigkeit wenig zu tun habe. Der Begriff des Politischen müsse ebenfalls neu und positiv aufgeladen werden, um Berührungsängste zwischen Politik und Wirtschaft zu überwinden (vgl. Bohnen 2015a, S. 57). Das hier implizierte Misstrauen, insbesondere vonseiten der Wirtschaft gegenüber der politischen Praxis, spiegeln auch Studien wie die des Göttinger Institut für Demokratieforschung wieder, in deren Rahmen Manager zu ihrer Rolle in der Gesellschaft befragt wurden. Dabei wurde deutlich, „dass jenseits einer oberflächlichen Zufriedenheit doch ein Unmut über die grundsätzlichen Prinzipien demokratischer Aushandlung herrscht" (Butzlaff 2015, S. 97), wobei wiederum auch nur wenige Manager „so etwas wie eine Idee davon haben, was ihnen politisch und gesellschaftlich vorschwebt" (ebd.). Dies unterstützt die Forderung, politisches Denken und Handeln müsse wieder stärker in der Mitte der Gesellschaft verankert und damit zum Thema von Zivilgesellschaft und eben auch von Unternehmen werden (vgl. Bohnen 2015b, S. 90).

Die Begründung ist dabei keine rein ideologische. Unternehmen tragen bereits zur Gestaltung des Gemeinwesens bei, indem sie bspw. Kindergärten eröffnen oder den Breitband-Ausbau vorantreiben. Darüber hinaus werden heute vermehrt

Erwartungen von Konsumenten, Medien, Investoren u. a. an Unternehmen herangetragen, auf den verschiedenen Märkten ethisch und verantwortungsbewusst zu handeln. In diesem Sinne ist CPR „keine Frage altruistischer Großherzigkeit, sondern ein aus Urteilsvermögen, praktischer Klugheit und Geschäftssinn geborener Imperativ. Unternehmen unterstützen den Staat gezielt mit ihren Stärken und Ressourcen – im aufgeklärten Eigeninteresse" (Bohnen 2017, S. 6).

Eine Operationalisierung von CPR entsteht nach Bohnen (2015a, S. 57 f.) durch die vier zentralen Handlungsfelder:

- Responsible Lobbying
- Positionierung über Themen und Dialoge
- Konkrete Projekte der politischen Partizipation
- Bereitstellung von Kollektivgütern

Der vorliegende Beitrag bezieht sich vor allem auf das zweite Handlungsfeld, für das Bohnen auch einige Maßnahmen benennt. Dazu gehören die Entwicklung politischer Analysefähigkeit in Unternehmen sowie der Aufbau von inhaltlicher Expertise auf Seiten von Unternehmensvertretern, mit dem Ziel, aktiv an politischen Debatten teilzunehmen (vgl. ebd.).

Neben der Berücksichtigung derartiger Kommunikationsaktivitäten integriert Bohnen (2017) auch das ebenfalls kommunikativ aufgeladene Konstrukt der Marke in seine Überlegungen zu einer Political Responsibility. Eine Erweiterung des Markenbegriffs um die politische Dimension gibt dem Begriff des „Political Branding", der bisher vor allem für Partei- oder Politiker-Marken genutzt wurde, eine ganz neue Bedeutung. So kann das gesellschaftspolitische Engagement eines Unternehmens womöglich zu seiner Markenbildung beitragen und damit einen Mehrwert für die Stakeholder schaffen (ebd., S. 7). Inwiefern ein Unternehmen auf diese Art und Weise wirklich ein Gesicht gewinnt, und welche Chancen und Risiken sich für die Unternehmens- und Produktmarken ergeben können, wird im weiteren Verlauf dieses Beitrags noch genauer analysiert.

Ob Political Corporate Social Responsibility oder Corporate Political Responsibility – in Wissenschaft und (Beratungs-)Praxis ist in den letzten Jahren offenbar das Bedürfnis gewachsen, das traditionelle CSR-Konzept zu modifizieren und dies auch durch neue Termini zum Ausdruck zu bringen. Allen Ansätzen ist eine normative Sichtweise dabei nicht ganz abzusprechen und es ist fraglich, ob der Begriff des Politischen weniger aufgeladen ist als der des Sozialen, wie von Bohnen (2015a, S. 58) konstatiert. Gleichzeitig ist insbesondere die Benennung von konkreten Handlungsfeldern und Maßnahmen ein wichtiger Schritt, um Unternehmen für eine Auseinandersetzung mit gesellschaftspolitischen Fragestellungen zu gewinnen.

Corporate Political Advocacy (CPAd)

Ein letzter Ansatz soll hier gesondert vorgestellt werden, auch wenn er an die Überlegungen zu einer politischen CSR anknüpft und einige ihrer Prämissen teilt. Allerdings fokussiert das Konzept einer „Political Advocacy", wie von Florian Wettstein und Dorothea Baur ausgearbeitet, im Besonderen die Fürsprache eines Akteurs für ein Thema und/oder bestimmte Werte, wie sie auch dieses *essential* zum Thema hat.

Für Wettstein und Baur (2016, S. 200) manifestiert sich Corporate Political Advocacy (CPAd) in „voicing or showing explicit and public support for certain individuals, groups, or ideals and values with the aim of convincing and persuading others to do the same". Als prominentes Beispiel nennen sie die Debatte um die Ehe für alle in den USA, in die sich Unternehmen wie Ben & Jerry's oder Starbucks offensiv eingebracht haben. Dabei sind den beiden Autoren folgende Punkte wichtig: Mit den Advocacy-Aktivitäten darf erstens kein unmittelbarer Nutzen für ein Unternehmen verbunden sein bzw. die Themen sollen nicht das Kerngeschäft des Unternehmens berühren. Zweitens sollen nicht die im Unternehmen klassischen Wege und Kanäle der politischen Kommunikation genutzt werden, sondern CPAd eine breitere Öffentlichkeit adressieren. Letzteres würden Unternehmensvertreter vermutlich eher unterschreiben können als den ersten Punkt, da sich die Auswahl an Themen und Inhalten, wie in Kap. 3 gezeigt werden wird, zumindest eng am Kerngeschäft orientiert. Wettstein und Baur geht es allerdings auch eher um die Beschreibung eines idealtypischen Engagements, um dieses im Spektrum politischer Unternehmensaktivitäten zu verorten. In diesem Sinne ist CPAd am weitesten vom unternehmerischen Eigeninteresse entfernt und dafür eng mit Werten verknüpft, die ein Unternehmen aus Überzeugung und womöglich sogar entgegen den Erwartungen der Stakeholder in seinem weiteren gesellschaftlichen Umfeld vertritt (vgl. ebd., S. 203, 205).

Eine so verstandene Werte-getriebene Unternehmensverantwortung wurzelt im Charakter bzw. der Integrität eines Unternehmens.

> Integrity, that is, the consistency between stated and lived values, denotes what the company *stands for*. Standing for one´s foundational values, however, literally means to *take a stand* for those values, especially when they are threatened (ebd., S. 206).

Das Wortspiel „stand for" (für etwas stehen) – „take a stand for" (sich für etwas einsetzen) beschreibt die Quintessenz von CPAd: Unternehmen leiten aus ihren Unternehmenswerten eine Position ab, die sie nach innen und außen vertreten. Sie erheben ihre Stimme, insbesondere in Bezug auf gesellschaftliche Missstände, die aus einer Verletzung eben jener Werte resultieren. Demzufolge lautet die Empfehlung an diejenigen Praxisvertreter, die sich für ein gesellschaftspolitisches Thema öffentlich einsetzen wollen: Seid integer! Für Wettstein und Baur (ebd., S. 211) bedeutet dies, das Engagement stets auf seine Konsistenz, Plausibilität und Authentizität hin zu überprüfen.

Fazit

Die in diesem Kapitel erläuterten Begriffe und dahinterstehenden Konzepte zeigen, dass es viele Überschneidungen in der Analyse der gesellschaftlichen sowie politischen Aktivitäten von Unternehmen gibt. Gemeinsam ist ihnen die Überzeugung, dass Unternehmen sowohl ökologische und soziale Verantwortung tragen, als auch politische Entwicklungen mitbeeinflussen, und dies nicht nur im klassischen Lobbying-Sinne. Mit steigender Komplexität des Unternehmensumfelds hat auch die Komplexität an Aktivitäten, Themen und Problemstellungen zugenommen, mit der ein Unternehmen in seiner gesellschaftspolitischen Umwelt konfrontiert ist.

3 Ausgestaltung des gesellschaftspolitischen Engagements in Unternehmen

Wann und wie positionieren sich Unternehmen zu Themen und Problemen, die eine Auswirkung auf die Gestaltung und Entwicklung einer Gesellschaft haben? Unter dieser Leitfrage stehen die Ausführungen im folgenden Kapitel. Zwar gibt die oben skizzierte Literatur dazu erste Antworten, um aber den aktuellen Status quo in Deutschland zu erheben, wurden zehn qualitative Interviews mit Vertretern aus der Unternehmenspraxis geführt.[1] Es handelt sich dabei um PA- und CSR-Verantwortliche, Leiter von Kommunikationsabteilungen sowie Unternehmens- bzw. Kommunikationsberater. Die Unternehmensvertreter repräsentieren Konzerne verschiedener Branchen (Telekommunikation, Maschinen- und Anlagenbau, Banken, Handel, Medien), um einen Querschnitt der Wirtschaft vertreten zu wissen. Zusätzlich werden verschiedene öffentlich bekannte Fallbeispiele ergänzt. Ziel ist es dabei nicht, eine neue Theorie für gesellschaftspolitisches Engagement zu entwickeln, sondern ein Bild der gegenwärtigen Praxis zu zeichnen. Die Ausführungen haben somit „einen beschreibenden und erklärenden Charakter" (Marg und Walter 2015, S. 24).

[1]Auf eine Namensnennung wird im Folgenden verzichtet, da die zugesicherte Anonymität der Offenheit in den Gesprächen förderlich war. Dies gilt auch für die eingefügten Zitate, die der Unterstreichung bestimmter Aussagen dienen, jedoch aus Gründen der Vertraulichkeit nicht namentlich gekennzeichnet sind. Vgl. auch die Studie von Walter und Marg (2015), die ähnlich verfährt.

S. Molthagen-Schnöring, *Gesellschaftspolitisches Engagement in Zeiten von Trump & Co.*, essentials, https://doi.org/10.1007/978-3-658-21591-0_3

3.1 Begriffsverständnis und Einordnung aus Sicht der Praxis

In Kap. 2 wurde eine wissenschaftlich-theoretische Sicht auf das Thema der gesellschaftspolitischen Unternehmensverantwortung dargestellt. Wie aber verstehen Unternehmensvertreter die Rolle von Unternehmen in diesem Bereich?

Zunächst ist festzuhalten, dass in den Unternehmen eine Auseinandersetzung mit dem allgemeineren Konzept der (gesellschaftlichen) **Unternehmensverantwortung** stattfindet. Auch wenn der Verantwortungsbegriff selbst nicht unumstritten ist, weil er oft als „Worthülse" begriffen wird, ist der dahinter liegende Anspruch klar: „Als Unternehmen ist man Akteur in der Gesellschaft und kümmert sich deshalb am besten auch mit um sie." Unterscheiden lässt sich dabei eine Verantwortung im engeren Sinne, die mit dem eigenen Geschäftszweck bzw. den Produkten oder Dienstleitungen zu tun hat, von einer Verantwortung im weiteren Sinne, die mit dem korrespondiert, was in Kap. 2 als Corporate Political Responsibility oder Corporate Political Advocacy umschrieben wurde.

In Bezug auf die Verantwortung i. e. S. fiel in den Interviews häufig der Begriff „Pflicht", verstanden als eine Sorgfaltspflicht gegenüber den Bezugsgruppen eines Unternehmens. Betont wurde, dass hierzu nicht nur Kunden und Investoren, sondern auch Mitarbeiter und die Gesellschaft als ganzes zählen. Während gegenüber den Investoren die Verantwortung besteht, das anvertraute Kapital gewinnbringend einzusetzen, sind es im Hinblick auf die Mitarbeiter Arbeitsplatzsicherheit und -zufriedenheit, für die sich Unternehmen zumindest bis zu einem bestimmten Maße verantwortlich fühlen. Betont wurde, dass im Rahmen eines solchen Stakeholderansatzes Bedürfnisse und Interessen verschiedener Anspruchsgruppen immer wieder neu austariert werden müssen, sodass das Verständnis der eigenen Verantwortung kein statisches ist, sondern ein äußerst dynamisches. Dafür spricht auch, dass sich gesellschaftliche Erwartungen ändern und damit auch das, „was die Gesellschaft von mir als Unternehmen einfordert". Als Beispiel sind Themen wie der ethische Konsum oder die Digitalisierung zu sehen, die erst in den letzten Jahren an nennenswerter Bedeutung gewonnen haben.

In einem weiteren Sinne wird Verantwortung als **Haltung** oder Position eines Unternehmens verstanden. Hierbei geht es darum, bestimmte Werte zu vertreten, die das eigene Selbstverständnis widerspiegeln. Deutlich wurde in den Gesprächen, dass gesellschaftliche Umbrüche und Erschütterungen durch Katastrophen, wie die Reaktorkatastrophe in Fukushima oder Terroranschläge in Europa, den Blick für diese Form von Verantwortung geschärft haben: „Wenn es große Veränderungen in der Gesellschaft gibt, die den normalen Vertrag des Zusammenlebens gerade verändern, dann möchten wir auch Haltung zeigen."

Doch es sind nicht nur einschneidende Ereignisse, sondern auch die ganz normalen Entwicklungen unserer Gesellschaft, denen Unternehmen mit Haltung begegnen können. Verstehen sie sich als aktiver Gestalter von Veränderungsprozessen wie der Digitalisierung? Sind sie in Zeiten neuer Kommunikationsformen Dialogpartner für Politik und Zivilgesellschaft oder betreiben sie ausschließlich Push-Kommunikation im eigenen Interesse? Den breiteren Kontext des eigenen Tuns zu betrachten und zu fördern, muss dabei nicht heißen, den eigenen Geschäftszweck aus dem Blick zu verlieren oder gar zu leugnen. Ganz im Gegenteil lautet allgemein die Empfehlung, die Inhalte auszuwählen, die für ein Unternehmen Relevanz besitzen bzw. mit seiner „DNA" zu tun haben. Dies fördere die Authentizität und Glaubwürdigkeit, weil es nicht als Ablenkungsmanöver im Sinne eines Greenwashing oder Social Washing interpretiert wird, was viele Unternehmen im Zuge der Kommunikation ihrer CSR-Aktivitäten leidvoll erfahren mussten.

Da der Begriff der Haltung vergleichbar dem der Verantwortung mittlerweile zu einem medialen Schlagwort geworden ist (vgl. Neubauer 2017, o. S.; Koch 2015, o. S.), soll an dieser Stelle kurz darauf eingegangen werden, was es für ein Unternehmen heißt, eine Haltung im Sinne einer Einstellung oder Position zu bestimmten Themen zu entwickeln. In vielen Unternehmen geht dem ein Leitbildprozess voraus, der in einem Verhaltenskodex (Code of Conduct) mündet. So heißt es beispielsweise auf der Website des Industriekonzerns Thyssen-Krupp (thyssenkrupp 2018, o. S.):

> Eine respektvolle und kooperative Zusammenarbeit sowie die bewusste Wahrnehmung sozialer Verantwortung bilden die Basis für unseren langfristigen Unternehmenserfolg. Bei thyssenkrupp hat dieses Verständnis bereits eine lange Tradition.

Auch wenn ein Code of Conduct im besten Fall in einem partizipativen Verfahren mit den Mitarbeitern entwickelt wird und sich umfassend auf die Geschäftstätigkeit des Unternehmens bezieht, steht häufig der Vorwurf im Raum, ein solcher Verhaltenskodex sei nicht mehr als Makulatur. Damit eine Haltung auch erkennbar gelebt wird, bedarf es häufig eines konkreten Anlasses, wie z. B. einer Veränderungssituation, die gewohnte Arbeits- und Denkweisen infrage stellt. Oder, wie einer der Interviewpartner es ausdrückt: „Man kommt zu einer Haltung, indem man den Bedarf sieht, dass sich etwas ändert."

In entsprechenden Transformationsprozessen sind es wiederum der Vorstand bzw. die Führungskräfte, die vorleben müssen, welche Werte und Einstellungen handlungsleitend sind und wie man sich in bestimmten Situationen verhalten möchte. Dies deutet bereits auf die herausragende Rolle hin, die den Führungskreisen in Bezug auf das Thema der Corporate Political Responsibility zukommt.

In Bezug auf die Entwicklung einer Haltung sind nach Meinung der befragten Unternehmensvertreter zwei weitere Aspekte zu beachten. Zum ersten sei es heute wichtiger denn je, zuzuhören und auf äußere Entwicklungen zu reagieren, anstatt vorgefertigte Antworten bereit zu halten. Unternehmen und Politik gingen immer noch davon aus, fertige Lösungen und Ergebnisse präsentieren zu müssen. Angesichts der Komplexität vieler Herausforderungen sei das jedoch kaum möglich. Vielmehr gelte es in einen offenen Dialogprozess einzutreten, an dessen Anfang Fragen statt Antworten stehen. Einer der Interviewpartner fasst es folgendermaßen zusammen: „Ich würde sagen, und das wäre für mich CPR, quasi responsive zu sein, aufzunehmen, was geschieht da, in dem Dialog Lösungsgeber sein oder der, der das spiegelt, Feedback gibt, aber es genau nach innen transportiert.“

Zum zweiten glauben die Experten nicht mehr daran, dass sich Probleme von einem Akteur allein lösen lassen. Vielmehr bedarf es an vielen Stellen gemeinsamer Anstrengungen und des Dialogs, z. B. zwischen Unternehmen, Politik und Zivilgesellschaft. So naheliegend und vernünftig dies auch klingen mag, so schwer scheint es in einer Mediengesellschaft wie der unseren umsetzbar zu sein. In einer Aufmerksamkeitsökonomie (vgl. Franck 2007) zählen markige Sprüche und klare Standpunkte in der Regel mehr als langwierige Abstimmungsprozesse und ausgehandelte Kompromisse, die nicht mehr die eine, durchsetzungsstarke Handschrift erkennen lassen. Unternehmen stehen genauso wie die Politik vor der Herausforderung, Personen und Positionen nicht über die Sache zu stellen.

Wie viel Politik steckt nun in der gesellschaftspolitischen Haltung eines Unternehmens? Diese Frage scheinen deutsche Unternehmen noch zurückhaltend zu beantworten. Während sie sich zu gesellschaftlichen Megathemen wie Digitalisierung, Klimawandel oder Diversity Gedanken machen, ist die Grenze ihres Engagements bei einer parteipolitischen Positionierung erreicht. Anders als Unternehmen in den USA würden sie sich nicht auf eine politische Seite schlagen oder bspw. in Wahlkampfzeiten Stellung beziehen. Politische Entwicklungen wie das Aufkommen einer neuen Partei beobachten sie zwar aufmerksam, öffentliche Kommentare dazu scheinen aber noch eher die Ausnahme als die Regel zu sein. So haben in Deutschland bisher nur wenige Unternehmen das Erstarken der Alternative für Deutschland (AfD) kommentiert. Zu den Ausnahmen hierbei zählen die Hotelkette Maritim (vgl. Maritim Hotels 2017, o. S.) oder der Uhrenhersteller Nomos (vgl. Nomos Glashütte 2017, o. S.). Eine alternative Strategie besteht darin, derartige Ansichten über Verbände kund tun zu lassen, womit einzelne Unternehmen nicht ins Schussfeld geraten (vgl. zur Position des BDI angesichts der Wahlerfolge der AfD bei der Bundestagswahl 2017 Jauernig 2017, o. S.).

Die Äußerung eines Befragten: „Wir sind nicht demokratisch gewählt um Politik zu machen“, fasst die vorherrschende Haltung gut zusammen, wobei die

Grenzen natürlich fließend sind: Sollte eine Partei oder Regierung mit ihrer Position die Grundordnung einer Gesellschaft und ihrer Akteure massiv beeinflussen wollen, könnten sich die Unternehmen dem gesellschaftspolitischen Diskurs vermutlich schwer entziehen. Das zeigt auch folgendes Beispiel: Bei den Betriebsratswahlen im Frühjahr 2018 könnten Arbeitnehmervertreter vom rechten Rand an Einfluss gewinnen. Daimler-Konzernchef Dieter Zetsche wird dazu in den Medien mit den Worten: „Wir verfolgen diese Entwicklung mit Sorge. Das lässt uns nicht kalt" (Mayr und Rietzschel 2017, o. S.) zitiert.

Verantwortung übernehmen, wo man aktiv ist und Einflussmöglichkeiten hat – so lässt sich das Verständnis von gesellschaftlicher Unternehmensverantwortung aufseiten der Unternehmenspraxis auf den Punkt bringen. In dem Maße, in dem sich Unternehmensaktivitäten ausweiten (sowohl global als auch im Hinblick auf verschiedene Geschäftsfelder usw.), wächst dabei auch das Bewusstsein dafür, gesellschaftspolitisch relevante Debatten mit zu prägen und erst recht gilt dies, sofern diese Berührungspunkte mit der eigenen Geschäftstätigkeit aufweisen.

3.2 Motive und Antriebskräfte

Im engen Zusammenhang mit der Frage, in welcher gesellschaftspolitischen Rolle sich Unternehmen sehen, stehen die Motive und Antriebskräfte hinter ihren entsprechenden Aktivitäten. Dabei lassen sich grob zwei Richtungen unterscheiden: Ein gesellschaftspolitisches Engagement kann einerseits mit unternehmensinternen Faktoren (Kosten, Innovationsfreudigkeit, etc.) begründet werden oder andererseits auf externe Impulse (Erwartungshaltung von Konsumenten, politische Entwicklungen, usw.) zurückgeführt werden. Auch wenn diese Trennung eine analytische ist, weil sich in der Praxis die Motive vermischen und beispielsweise der Aufbau einer sichtbaren Arbeitgebermarke nach innen und außen wirkt, wird im Rahmen der weiteren Erläuterung dieser Unterscheidung gefolgt.

Interne Motive

Im vorherigen Teilkapitel wurde bereits deutlich, dass Unternehmen ihr gesellschaftspolitisches Engagement bevorzugt mit Inhalten und Themen verbinden, die für ihr Geschäftsfeld Relevanz haben. Entsprechend verwundert es auch nicht, dass die **Sicherung des eigenen Geschäfts** als ein zentrales Motiv für eine gesellschaftspolitische Positionierung gelten kann. Ein Interviewpartner drückt es folgendermaßen aus: „Ich sag: klar, wir tun was aus unternehmerischer Verantwortung und weil wir uns als Teil des Gemeinwohls verstehen, aber weil wir auch einfach Fachkräftemangel haben oder Energiekosten haben."

Es ist diese Verbindung von altruistischem Verhalten auf der einen Seite und unternehmerischen Interessen auf der anderen Seite, die auch die CSR-Diskussion prägt (vgl. z B. Schreck 2009): So lässt sich die ökologische Verantwortung unter Bezugnahme auf Einsparpotenziale ökonomisch einfacher legitimieren als dies allein mit dem Hinweis auf eine globale Verantwortung für das Klima möglich wäre.

Kostenaspekte stellen in diesem Rahmen ein wichtiges Argument dar, genau so wie die Sicherung der Wettbewerbsfähigkeit. Zunehmend kommt auch eine **Innovation**sperspektive ins Spiel: So betonte einer der Interviewpartner, dass innovationsfreudige Unternehmen sich häufig systematischer mit dem weiteren Umfeld des Unternehmens beschäftigten und auf diese Weise auch neue Marktentwicklungen schneller antizipierten. Anders gesagt trägt die Auseinandersetzung mit gesellschaftspolitischen Entwicklungen zur Erweiterung des eigenen Horizonts bei und eröffnet neue Möglichkeiten.

Die Offenheit für Neues und damit auch für den Blick über den Tellerrand hinaus kann dabei niemand besser vorleben als die **Unternehmensleitung**. Sie gilt als ein wesentlicher Motivator für gesellschaftspolitische Positionen und Aktivitäten. Jedoch verstehen sich in Deutschland wenige Unternehmer als „homo politicus", vielmehr lassen sie sich zumeist als „politische Abstinenzler" (Lorenz 2015, S. 103) charakterisieren. Dies hängt zum einen mit einem ernüchterten Blick auf Politik und Politiker zusammen, zum anderen damit, dass die meisten Chefs großer Unternehmen „ihre Tätigkeit als konkreten Beitrag zur Gesellschaftsentwicklung und Wohlstandssicherung" (ebd., S. 109) verstehen und sich bereits als „Motor der Gesellschaft" (ebd.) sehen. Doch unabhängig von parteipolitischem Engagement können Unternehmenschefs in gesellschaftspolitischen Debatten eine klare Haltung vertreten und tun dies auch schon. Ein Beispiel ist Timotheus Höttges, CEO der Deutschen Telekom, der in Zusammenhang mit der Digitalisierung „unkonventionelle Lösungen" zum Erhalt der Sozialsysteme fordert und sich für ein bedingungsloses Grundeinkommen einsetzt (vgl. ZEIT Online 2015, o. S.).

Doch nicht nur die oberste Unternehmensspitze, auch Funktionsträger in verschiedenen Unternehmensbereichen können gesellschaftspolitische Aktivitäten vorantreiben. Häufig sind es Kommunikationsverantwortliche, die qua Amt Themen beobachten und ihre Auswirkungen auf ein Unternehmen analysieren (Issue Management), womit sie prädestiniert sind, Themen und Trends im gesellschaftspolitischen Umfeld zu erkennen und aufzugreifen. In der Unternehmenskommunikation können diese Inhalte zur Wertschöpfung beitragen, indem sie für steigendes Vertrauen oder ein besseres Image des Unternehmens bei den relevanten Zielgruppen sorgen. Gleichzeitig gehört das Monitoring von Themen zum **Risikomanagement**, insofern dadurch Gefahren für die Geschäftstätigkeit rechtzeitig erkannt werden können. Nach dem Allianz Risk Barometer, einer jährlichen Umfrage zu den größten Unternehmensrisiken, zählt Reputationsverlust zu den zehn wichtigsten Geschäftsrisiken in Deutschland (vgl. Allianz SE 2018, o. S.). Wie in Bezug auf die Stakeholderreaktionen noch gezeigt werden wird, kann ein Statement oder eine Aktion mit gesellschaftspolitischem Inhalt auch Kunden abschrecken oder zumindest negative Reaktionen auslösen. Im Rahmen des unternehmensinternen Risikomanagements gilt es solche Szenarien zu berücksichtigen um eine bewusste Entscheidung für oder gegen ein Engagement zu treffen.

Eine solche Entscheidung hängt letzten Endes aber nicht nur von einer nüchternen Chancen-Risiken-Analyse ab, sondern steht im größeren Zusammenhang der **Unternehmenskultur**. Unternehmen, die eine entsprechende Tradition haben, weil beispielsweise Unternehmerpersönlichkeiten stark engagiert waren (wie Reinhard Mohn oder Henri Nannen), sehen sich häufig selbst dann noch in einer Vorbildfunktion und Vorreiterrolle, wenn sich Führungsstrukturen längst verändert haben. Eng damit verbunden kann aus **Unternehmenswerten** die Motivation erwachsen, Haltung zu zeigen, erst recht, wenn diese Werte Gegenstand gesellschaftlicher Debatten sind, wie etwa beim Themenkomplex Diversität. Insbesondere in Konzernen mit einer heterogenen Mitarbeiterschaft treffen bestimmte Haltungen zwar nicht nur auf Gegenliebe, spiegeln dafür aber die Realität wieder: „Das ist dann nicht eine Frage von: Finde ich das gut oder nicht. Das sind wir, das macht uns aus." In dem Maße, in dem Unternehmenskultur und -werte ausschlaggebend für die Mitarbeitergewinnung und -bindung werden, ist ein weiterer gewichtiger Grund gegeben, die gesellschaftspolitische Dimension der (Arbeitgeber-)Marke zu reflektieren und ggf. gesellschaftspolitisch zu kommunizieren.

Ob schlussendlich die **Unternehmensgröße** einen Effekt auf die gesellschaftspolitische Positionierung eines Unternehmens hat, lässt sich an dieser Stelle nicht abschließend beantworten. Zwar ist zu vermuten, dass mittelständische Unternehmen eine höhere Nähe zu ihrem Umfeld haben, was eine entsprechende Positionierung begünstigt. Nähe zu den Stakeholdern kann umgekehrt aber auch gerade zu steigender Vorsicht führen und zudem haben KMU meist kein systematisches Issue Management, wie in Großkonzernen üblich.

Externe Motive

Neben betriebsinternen Gründen motivieren das Umfeld eines Unternehmens bzw. die Erwartungshaltungen der externen Stakeholder das gesellschaftspolitische Engagement eines Unternehmens. Zu nennen ist hier zunächst die Erwartung der wichtigen Zielgruppe der Kunden, die jedoch sehr unterschiedlich bewertet wird. So wird zwar einerseits von einer gestiegenen **Anspruchshaltung**

der Kunden in Bezug auf Herkunft, Produktionsweise und Inhaltsstoffe von Produkten ausgegangen (vgl. Otto Group 2013) andererseits spiegelt das Konsumverhalten dies nicht in aller Konsequenz wieder. Preis und Verfügbarkeit von Produkten sind häufig eher Konsum entscheidend als das ethische Verhalten eines Unternehmens (vgl. vgl. Zerback 2015, o S.). Dass Unternehmen sich gesellschaftspolitisch engagieren, wird nicht vom Massenmarkt erwartet, aber durchaus von bestimmten Kundengruppen, z. B. einer akademisch gebildeten, liberalen Klientel in Großstädten. In einem Interview wurde besonders auf die sogenannten Millenials (auch als Generation Y bezeichnet, umfasst die Geburtsjahrgänge zwischen 1980 und 2000) hingewiesen, die höhere Ansprüche an die Werte und Haltung eines Unternehmens stellten.

Die Zielgruppe der Millenials interessiert ein Unternehmen aber nicht nur als Kundenkreis, sondern verstärkt auch als potenzielle Arbeitnehmerschaft. Eine Vorbildfunktion in gesellschaftspolitischen Debatten einzunehmen, kann demnach die Arbeitgebermarke (**Employer Brand**) stärken und zum Wettbewerbsvorteil im Kampf um Talente werden.

Positive Effekte auf Marke und **Unternehmensimage** wurden bereits erwähnt, lassen sich aber auch als externe Motivatoren aufführen, weil die Wirkung eine medial-öffentliche ist. Die Erwartungshaltung von Medien und interessierter Öffentlichkeit an eine gesellschaftspolitische Positionierung von Unternehmen hat in den vergangenen Jahren zugenommen. Ein Unternehmensvertreter bringt es wie folgt auf den Punkt: „In der Diskussion, die wir hier intern führen, sind wir zu dem Ergebnis gekommen, dass wir ein Gesicht brauchen, gerade in einer medialen Welt." Um etwa jung, dynamisch oder vielfältig zu wirken, kann eine gesellschaftspolitische Positionierung aufgrund ihres emotionalisierenden Potenzials unterstützend wirken.

Neben Kunden, potenziellen Arbeitnehmern und der breiteren Öffentlichkeit stellen Investoren, NGOs und die Politik selbst relevante Anspruchsgruppen für ein Unternehmen dar. Gelten sie auch als treibende Kräfte für ein gesellschaftspolitisches Engagement? NGOs wurden in den Interviews als wichtige Partner, insbesondere in Bezug auf die klassischen CSR-Aktivitäten benannt. Die Politik steckt wiederum mit ihren Themen und Inhalten den Rahmen ab, in dem sich Unternehmen engagieren und zu Wort melden. Ein äußerer Druck scheint aus dieser Richtung allerdings nicht zu kommen. Und Investoren haben zwar nachhaltige Investments in Form sogenannter ESG-(Environment, Social, Governance)-Anlagen für sich entdeckt (vgl. Neubacher 2018), berücksichtigen hier aber ebenfalls eher die klassischen CSR-Aspekte in den Bereichen Umwelt und Soziales.

Wenn ein Druck von außen verspürt wird, dann liegt dieser eher in global-gesellschaftlichen Umständen begründet. Eine starke Präsenz aktueller Ereignisse

(Terroranschläge, Klimakatastrophen) sowie politische **Systemumbrüche** (Brexit, Türkei-Krise) beschäftigen die Verantwortlichen in den Unternehmen: „Unser Modell zu leben ist massiv unter Druck." Neben den internen Motiven sind dieses Gefühl des Unbehagens und das Bestreben, sich für Grundwerte der westlich-demokratischen Gesellschaft einzusetzen, wohl die stärksten Antriebskräfte für eine gesellschaftspolitische Positionierung seitens der deutschen Wirtschaft.

3.3 Themen und Inhalte

Analog zu der Differenzierung in eine gesellschaftspolitische Verantwortung im engeren Sinne bzw. im weiteren Sinne (Abschn. 3.1), sind hinsichtlich der Themenfelder des Engagements zwei Ebenen zu unterscheiden. Auf der einen Ebene sind Themen anzusiedeln, die im engeren Zusammenhang mit den Produkten und Dienstleistungen eines Unternehmens stehen. Auf einer zweiten Ebene sind solche Themen zu verorten, die aktuelle gesellschaftliche Entwicklungen widerspiegeln, allerdings weniger relevant für das operative Tagesgeschäft sind. Sie werden auch als „Megathemen" charakterisiert. Auch in Bezug auf diese Unterscheidung gilt: Die Grenzen sind fließend. So ist die Digitalisierung, die von fast allen Befragten als relevantes Thema genannt wurde, auf der einen Seite ein gesellschaftliches Megathema, weil sie die Art des gesellschaftlichen Miteinanders massiv verändern wird. Auf der anderen Seite betrifft die Digitalisierung inzwischen auch jedes Geschäftsmodell und ist insofern aus dem Unternehmensalltag nicht mehr wegzudenken.

Auf der ersten Ebene sind die Themen mehr oder weniger branchenspezifisch. So setzen sich Medienunternehmen für die Pressefreiheit ein, weil diese die Grundlage des eigenen Geschäfts bildet. Im Handelsbereich sind es Aspekte wie Tierwohl oder die Nachhaltigkeit von Produkten, zu denen Unternehmen Stellung beziehen. Branchenübergreifend, aber immer noch mit engem Bezug zur eigenen Unternehmenstätigkeit, widmet man sich darüber hinaus dem Konzept des mündigen Verbrauchers. In vielen Interviews kam der Begriff der **Verbraucherbildung** vor, bspw. im Hinblick auf notwendige Medienkompetenz oder Kenntnisse der Finanzbranche. So sehr dies nach einem gesellschaftlichen Auftrag klingt, ist klar, dass Unternehmen sich dadurch neue Kunden und/oder zunehmende Kundenbindung versprechen, also auch unternehmenseigene Interessen verfolgen. Im besten Fall entsteht allerdings zumindest eine Win-Win-Situation, von der alle Beteiligten profitieren.

Ein weiteres Thema, das hier noch zur ersten Ebene gezählt wird, betrifft den Komplex **Klima/Umwelt/Energie**. Als zentrales Feld innerhalb der CSR-Diskussion sind Unternehmen den Umgang mit entsprechenden Inhalten gewohnt und haben sie bereits zum großen Teil als Business Case ins Tagesgeschäft integriert. Wie oben angesprochen ist der Hebel dabei nicht so sehr der globale Klimaschutz als vielmehr der Verweis auf Einsparpotenziale, der die Diskussion zumindest nach innen trägt.

Die erwähnte **Digitalisierung** ist in ihren unterschiedlichen Facetten sowohl mit geschäftlichen Interessen als auch mit der zukünftigen Entwicklung der Gesellschaft verbunden. Dass Unternehmen aus dem Telekommunikations- und Medienbereich hier einen besonderen Schwerpunkt setzen, erklärt sich wiederum mit ihrem Geschäftsmodell, ist damit aber auch unter Glaubwürdigkeitsgesichtspunkten sinnvoll. So werden die Maßnahmen weniger als Werbefassade verstanden, wenn sie nachhaltig und langfristig mit dem Unternehmen zu tun haben. Darüber hinaus bietet die Digitalisierung in ihrer Komplexität Anknüpfungspunkte für weitere Debatten: Wie wollen wir in Zukunft leben und arbeiten? Was passiert mit den Menschen, die durch die Digitalisierung ihre Arbeit verlieren? Entsprechende Fragestellungen werden inzwischen unter dem Schlagwort der Digital Responsibility diskutiert (vgl. Jänig und Mühlner 2018), womit in der Unternehmenspraxis ein weiteres Konzept entsteht, das das klassische CSR-Verständnis erweitert.

Auf der zweiten Ebene der gesellschaftlichen Megathemen liegen die Herausforderungen von **Migration/Integration** und der Umgang mit Vielfalt sowie politische Entwicklungen, die auf eine Zerrissenheit der Gesellschaft hindeuten und sich in Ereignissen wie dem Brexit konkretisieren.

Das Thema Integration wurde von Unternehmen in vielfältiger Form behandelt: angefangen von Aktionen der Mitarbeiter (z. B. Übernahme von Patenschaften) über spezifische Programme (z. B. für Auszubildende mit Fluchterfahrung) bis hin zur gemeinschaftlichen Positionierung in Initiativen wie „Wir zusammen". Fragen von Integration bzw. Inklusion hängen aber auch eng mit einer generellen Vielfalt von Lebensformen zusammen, die in den Unternehmen längst Realität ist. Dies abzubilden und auch nach außen zu kommunizieren, sehen viele der befragten Unternehmensvertreter als wichtig, aber nach wie vor nicht selbstverständlich an. Zudem lösen die Positionierungen auch Kritik aus. Ein Befragter äußerte sich dazu folgendermaßen: „Wir haben mit Vielfalt begonnen, weil das ein ganz guter Einstieg war. Interessanterweise wird man da schon stark attackiert."

In Bezug auf Themen, die eine größere Nähe zu politischen Ereignissen aufweisen (Brexit, Wahlen in anderen Ländern), sind Unternehmen in Deutschland (noch) eher verhalten. Dies ist insofern verständlich, da sie von internationalem Geschäft abhängig sind, und genau analysieren müssen, welche Auswirkungen ihre Positionierung auf die Stakeholder an verschiedenen Orten der Welt hat. Allerdings beobachten die befragten Unternehmensvertreter ihr Umfeld sehr genau und diskutieren Megathemen wie **Europa** oder die Auswirkungen einer US-Wahl zumindest unternehmensintern, um eine Haltung dazu zu entwickeln und sich ggf. auch äußern zu können.

Mit welchen Inhalten sollten sich Unternehmen auseinandersetzen, wenn sie gesellschaftspolitisch aktiv werden wollen? Dies lässt sich nicht pauschal beantworten, sondern ist von der Branche und Kultur eines Unternehmens abhängig. Geraten werden kann Unternehmen jedoch unabhängig von internen und externen Rahmenbedingungen, Themen zu identifizieren, die einen Leuchtturmcharakter haben, weil sie aktuell und in Zukunft gesellschaftliche Diskurse bestimmen. Wenn diese Themen in Bezug zur eigenen Unternehmenstätigkeit gesetzt werden können und mit eigenen Ressourcen ein sinnvoller Beitrag geliefert werden kann, können sie Vehikel sein, um langfristig eine Haltung aufzubauen und als glaubwürdiger Akteur in gesellschaftspolitischen Debatten zu gelten.

3.4 Verantwortlichkeiten

Auch wenn die Auswahl der von mir befragten Unternehmen nicht repräsentativ ist, zeichnet sich in Bezug auf die unternehmensinterne Verantwortung für das gesellschaftspolitische Engagement ein recht klares Bild ab. Idealerweise handelt es sich um ein **Querschnittsthema**, an dem die Bereiche Kommunikation, Corporate Social Responsibility (CSR) und Public Affairs (PA) beteiligt sind. In vielen Unternehmen sind diese Bereiche bereits miteinander verbunden, indem z. B. PA und CSR zur Kommunikationsabteilung gehören und/oder PA und Kommunikation als Stab an den Vorstand angebunden sind. Unternehmen, in denen PA und Kommunikation voneinander getrennt sind, sehen in Bezug auf die Abstimmung „noch Luft nach oben", wobei insbesondere auf der Arbeitsebene häufig schon eng zusammengearbeitet werde.

Eine besondere Bedeutung kommt bei der gesellschaftspolitischen Unternehmensverantwortung auf der einen Seite der **Unternehmensleitung**, auf der anderen Seite der Kommunikationsfunktion zu. Es gelingt Unternehmen nur dann, eine gesellschaftspolitische Position zu vertreten, wenn die Führungsebene die Notwendigkeit dafür sieht und das Engagement vorlebt, oder, wie ein Befragter es zum Ausdruck bringt: „So was funktioniert nur über den Vorstand". Dieser greift im besten Fall auf die Expertise seiner Führungskräfte zurück, die ihn als eine Art „Think Tank" in tagespolitischen als auch langfristigen Angelegenheiten beraten.

Die Relevanz der **Unternehmenskommunikation** ergibt sich wiederum aus ihrer Schnittstellenfunktion und ihrer Kompetenz, die für ein Unternehmen wichtigen Themen zu analysieren (Issue Management). Wenn die Kommunikationsverantwortlichen dabei auch auf die Expertise aus dem Unternehmen zurückgreifen und in die Diskussion mit den Fachbereichen eintreten, übernehmen sie eine Koordinationsfunktion und können die gesamte Organisation involvieren.

Nach außen erreicht die gesellschaftspolitische Positionierung dann einen größeren Kreis von Menschen, wenn die Marketingabteilungen in den Unternehmen beteiligt sind und die Positionierung aufgreifen. Hans-Christin Schwingen, CMO der Deutschen Telekom oder Antje Neubauer, Leitung der Abteilung Marketing und PR der Deutschen Bahn, sind Beispiele für Marketing-Spezialisten, die sich offensiv für die Integration gesellschaftspolitischer Themen in die Kundenkommunikation einsetzen (vgl. Schröter 2017, o. S.; Bartl 2017, o. S.).

Erwähnt werden soll an dieser Stelle noch ein wichtiger Akteur, der in Deutschland häufig Absender für gesellschaftspolitische Positionen und Aktionen ist: die **Stiftung**. Zum einen sind es Unternehmensstiftungen, über die CSR-Aktivitäten durchgeführt werden, was steuerliche, aber auch Reputationsgründe hat: So ist zu vermuten, dass Stiftungen als neutralere Akteure gelten und demnach auch als glaubwürdiger empfunden werden. Zum anderen suchen Unternehmen die Zusammenarbeit mit externen Stiftungen, wie der Deutschlandstiftung Integration, um ihr Engagement von vornherein durch neutralere Partner abwickeln zu lassen und nicht in den Ruf der Vorteilsnahme (etwa steuerlicher Art) zu kommen. Darüber hinaus wird von einem gemeinschaftlichen Engagement mit Stiftungen und/oder anderen Unternehmen eine höhere Durchschlagskraft erwartet.

Fazit

Es zeigt sich, dass nicht nur in der Forschung, sondern auch in der Praxis unterschiedliche Auffassungen bestehen, was eine gesellschaftspolitische Unternehmensverantwortung ausmacht. Dieses Engagement speist sich sowohl aus internen als auch externen Motiven und greift verschiedene Themen auf. Klare Verantwortlichkeiten und der Wille zum Engagement an der Unternehmensspitze werden als Voraussetzung betont.

Kommunikation des gesellschaftspolitischen Engagements von Unternehmen

4

Sich gesellschaftspolitisch zu positionieren, ist immer auch eine Frage der Kommunikation. Dabei können zwei grundsätzliche Strategien unterschieden werden: Zum einen verhalten sich Unternehmen in Bezug auf die Kommunikation ihres gesellschaftspolitischen Engagements defensiv, d. h. sie reden zumindest öffentlich kaum darüber. Dies kann verschiedene Gründe haben: So fürchten Unternehmen, eine Positionierung zu Themen, die nicht unmittelbar mit dem eigenen Geschäft in Beziehung stehen, könnte als Ablenkungsmanöver verstanden werden. Oder sie betrachten ihre Aktivitäten als Selbstverständlichkeit, über die gar nicht geredet werden muss. Sie treten als stille Förderer auf und wollen dies auch bleiben.

Zum anderen positionieren sich Unternehmen offensiv und öffentlichkeitswirksam zu gesellschaftspolitischen Entwicklungen. In diesem Fall finden sie es wichtig, Flagge zu zeigen, insbesondere dann, wenn die Position zum Unternehmen und seinen Werten passt. Im Ergebnis versprechen sie sich positive Effekte auf Image und Reputation, fühlen sich darüber hinaus aber auch in der Verantwortung, öffentlich Haltung zu zeigen. Sie glauben, dass ein pauschaler Verdacht gegen „die Eliten" gerade dann entsteht, wenn die Wirtschaft keine Stimme erhebt: „Wenn ich mir jetzt überlege, müssen wir eher vorsichtiger werden mit so Engagement oder solchen Äußerungen oder eher offensiver, würd ich sagen: eher offensiver."

Doch was genau bedeutet dies für die konkrete Ausgestaltung der Kommunikation, die Auswahl der Zielgruppen und Botschaften sowie der Medien und Maßnahmen? Und wie reagieren die Stakeholder? Diesen Fragen soll im folgenden Kapitel nachgegangen werden.

S. Molthagen-Schnöring, *Gesellschaftspolitisches Engagement in Zeiten von Trump & Co.*, essentials, https://doi.org/10.1007/978-3-658-21591-0_4

4.1 Zielgruppen und Botschaften

Unternehmenskommunikation ist zielgruppenspezifische Kommunikation. Dies gilt auch für die Kommunikation des gesellschaftspolitischen Engagements eines Unternehmens. Differenziert werden kann hier zunächst nach internen und externen Zielgruppen. Je nachdem, wer angesprochen wird, findet ein unterschiedliches Framing, also eine angepasste Formulierung von Botschaften, statt, wie auch das folgende Statement zeigt: „Also ein CSRler würde sagen: Klima. Intern sag ich: Energieeffizienz. (…) Nach außen ist es Integration, soziale Teilhabe, intern sag ich Fachkräftemangel."

In diesem Beispiel sind es die Angehörigen des eigenen Unternehmens, die eher mit ökonomischen Vorteilen als mit globalen Schlagworten überzeugt werden wollen. Häufig müssen aber die **Mitarbeiter** gar nicht mehr überzeugt werden, weil sie bspw. Vielfalt bereits im Unternehmensalltag als selbstverständlich erleben und/oder sich für Geflüchtete engagieren. Dann gilt eher: „Indem ich diese Geschichten erzähle und das transparent mache, zeige ich, wer wir sind, und dass ich dazu stehe". Allerdings sind sich insbesondere Unternehmen mit einer großen, heterogenen Mitarbeiterschaft bewusst, dass ihre Haltung zu bestimmten Fragen (Ehe für alle, Integration, u. ä.) auf der einen Seite zwar Lob und Respekt einbringt, auf der anderen Seite aber auch Kritik und Reaktanz auslöst. In Zeiten, in denen viele Debatten mit großer Vehemenz und Emotionalität geführt werden, müssen sich die Unternehmen daher auch auf negative Reaktionen aus den eigenen Reihen einstellen und einen Umgang damit finden.

Dasselbe gilt in Bezug auf die externen Stakeholder. Unternehmen, die eine breite **Kundschaft** adressieren, z. B. im Konsumgüterbereich, sind nach Einschätzung der befragten Unternehmensvertreter eher vorsichtig mit kritischen politischen Statements etwa gegenüber bestimmten Parteien oder öffentlichen Personen. Dies gilt insbesondere, wenn die kritikwürdigen Personen selbst Stakeholder sind, von denen Unternehmen ökonomisch abhängen. Als Beispiel kann der US-amerikanische Präsident Donald Trump gelten, dessen Wahl in den deutschen Medien zu einem weitgehend negativen Echo führte. Allerdings haben sich deutsche Unternehmen mit Kritik an Trump und seiner Politik von Anfang an sehr zurückgehalten (vgl. Dierig et al. 2017), zu wichtig ist der US-amerikanische Markt. Es gab sogar Lob, nachdem der US-Präsident Anfang 2018 die Senkung der Unternehmens-Steuersätze in den USA bekannt gegeben hatte. Dass dies wiederum aufseiten anderer Stakeholder, wie der eigenen Mitarbeiter, zu massiver Kritik führen kann, musste Joe Kaeser erfahren: Der Siemens-Chef kommunizierte gegenüber Trump, eine neue Generation von Gas-Turbinen in den USA fertigen zu wollen. Zugleich sollten in der Kraftwerkssparte in Deutschland fast 7000 Mitarbeiter eingespart werden. Die Reaktionen von Arbeitnehmern und Gewerkschaften waren entsprechend negativ (vgl. manager magazin 2018, o. S.), auch wenn das Unternehmen ökonomisch profitieren dürfte. Das Beispiel zeigt, dass Unternehmen die Beziehungen zum Unternehmensumfeld genau analysieren müssen, bevor sie sich für oder gegen eine gesellschaftspolitische Positionierung entscheiden.

Kunden und Mitarbeiter mögen als die wichtigsten Zielgruppen gelten, allerdings ist für die Kommunikation die Bedeutung der **Medien** nicht zu unterschätzen. Wenn Unternehmen gesellschaftliche Missstände offensiv adressieren und ihre Meinung kundtun, wird dies in der heutigen Mediengesellschaft nicht ungehört bleiben. Als Multiplikatoren schaffen auch die Medien – ob klassische Massenmedien oder neue soziale Medien – ein bestimmtes Framing, das nicht mehr in der Hand des kommunizierenden Unternehmens liegt. So lassen Schlagzeilen wie „Schleimen ist Chefsache" (Naß 2018, o. S.) nach dem Zusammentreffen von Trump mit deutschen Konzernchefs letztere nicht in einem positiven Licht dastehen.

Eine zusätzliche Problematik ergibt sich daraus, dass die Botschaften im gesellschaftspolitischen Bereich in der Regel komplex sind und vielfach nicht dem Anspruch der Vereinfachung genügen, wie er der Logik der Medien entspricht. So sind der Brexit, das Auseinanderfallen Europas oder das Aufkommen nationalistischer Parteien keine Ereignisse, auf die die Entscheider in Politik und Gesellschaft einfache Antworten und Lösungen präsentieren können. Dies erklärt, warum auch Unternehmen länger zögern, bevor sie sich öffentlich äußern und warum sie ihre Worte genau abwägen.

4.2 Maßnahmen

Im Spektrum zwischen einer defensiven und einer offensiven Kommunikationsstrategie zu gesellschaftspolitischen Herausforderungen positionieren sich Unternehmen mithilfe verschiedener Medien und Maßnahmen. Grob zugeordnet werden können diese der klassischen Unternehmenskommunikation/Public Relations auf der einen Seite sowie Marketing/Werbung auf der anderen Seite. Gesondert erwähnt werden die Online-Medien, da diese, wie weiter unten erläutert, bevorzugt zum Einsatz kommen.

Wie oben ausgeführt, sind Medien Multiplikatoren und eine wichtige Zielgruppe der Public Relations eines Unternehmens. Diese werden u. a. über klassische Pressemitteilungen erreicht. Allerdings beteiligen sich Unternehmen an gesellschaftspolitischen Debatten weniger über die klassischen Massenmedien.

Dies mag einer eher defensiven Kommunikationsstrategie (s. o.) geschuldet sein, aber auch damit zusammenhängen, dass die Botschaft in den Augen von Kommunikationsverantwortlichen und Journalisten keinen oder nur einen geringen Nachrichtenwert hat. Wenn Unternehmen das Thema massenmedial nutzen, dann am ehesten im Zusammenhang mit der **Vorstandskommunikation**, also der Positionierung eines CEO. Dies entspricht wiederum dem Trend zur Personalisierung, der in den Medien seit geraumer Zeit zu beobachten ist (vgl. Bentele und Fähnrich 2010). So werden bei der medialen Verwertung eines Themas gerne persönliche Geschichten und Schicksale bemüht, wie auch in Bezug auf Trump-kritische Äußerungen der Unternehmenschefs in Deutschland zu beobachten war (vgl. Dierig et al. 2017). Zudem ist der CEO ein guter Träger einer Botschaft, weil er diese an verschiedenen Stellen, also nicht nur gegenüber den Medien, sondern auch bei Diskussionen, auf Kongressen u. ä. immer wieder einbringen kann.

Geschichten wiederholt und zu verschiedenen kommunikativen Anlässen zu kommunizieren, entspricht dabei der Vorgehensweise des **Storytelling**. Als eine Methode der Wirtschaftskommunikation, „bei der bedeutsame, teils sachliche Inhalte durch fiktive oder wirkliche Geschichten transportiert werden“ (Vaih-Baur 2018, S. 188), ist Storytelling prädestiniert, um die gesellschaftspolitische Position eines Unternehmens zu transportieren. Besonders gut eignen sich dafür audiovisuelle Medien, da sie das Narrativ über die Zeit abbilden und dabei vor allem die einer Geschichte inhärenten Emotionen zum Ausdruck bringen können. Entsprechende Maßnahmen werden häufig der Werbekommunikation zugerechnet, wobei es sich hier in der Regel weniger um eine klassisch absatzorientierte Produktkommunikation handelt, als vielmehr um Imagewerbung, die das Unternehmen und seine Werte zum Thema hat. Ein Beispiel ist das Video „Der Fan“, das die Deutsche Bahn zur EM 2016 veröffentlichte. In diesem Spot wird die Geschichte eines Fußballfans erzählt, der mit seiner Mannschaft mitfiebert und am Ende einer Reise mit der Deutschen Bahn einen der Spieler in die Arme schließt. Händchen haltend verlassen die beiden den Bahnsteig, was zu der Zeit als „Tabu-Bruch“ (FAZ.NET 2016, o. S.) der doppelten Art empfunden wurde, da die Bahn (wie auch viele andere Unternehmen) vorher noch nicht offen mit Homosexualität geworben hatte und dieses Thema im Fußball ebenfalls lange Zeit totgeschwiegen wurde. Die Reaktionen auf den Spot waren ganz überwiegend positiv.

Auch die Deutsche Telekom wirbt seit einiger Zeit mit gesellschaftspolitischen Themen, wie bspw. der Diversität. So wurde Anfang Januar 2017 auf Youtube der Spot „Für alle, die Familie sind“ veröffentlicht, der die Vielfalt von Familienmodellen auf eine unkonventionelle Art vor Augen führt. Dieser Spot endet mit einer klaren Kaufempfehlung (für die Pro Family Card), nutzt also die gesellschaftspolitische Positionierung als Vehikel der Marketingkommunikation.

Der Telekom-Spot „Schon heute Magenta – Ländliche Gebiete" aus dem Herbst 2017 beginnt mit der Frage: „Was ist eigentlich mit der Welt los?", um dann explizit auf die Spaltung der heutigen Gesellschaft aufmerksam zu machen. Eine Spaltung, die für Hans-Christian Schwingen, Marketingchef der Telekom, nur durch Teilhabe überwunden werden kann (vgl. Schröter 2017, o. S.). In der zweiten Hälfte des Spots wird dann die Telekom als Unternehmen präsentiert, das sich für mehr Teilhabe einsetzt, indem der flächendeckende Breitbandausbau vorangetrieben wird. Auch wenn hier keine klassische Produktkommunikation mit direkter Kaufempfehlung vorliegt, ist die Kampagne für den Telekom-CMO Schwingen beides, Image- und Produktkommunikation: „Denn: Unser Kernprodukt ist das Netz" (ebd.).

Die Beispiele zeigen, dass Unternehmen in letzter Zeit auch für ihre **Marketingkommunikation** einen gesellschaftspolitischen Zugang gewählt haben, und dies selbst bei einer großen, heterogenen Kundschaft. Der Telekom-Spot „Schon heute Magenta" wurde sogar über das klassische Massenmedium Fernsehen ausgestrahlt, weil die Emotionalisierung dort nach Einschätzung der Telekom-Marketingexperten besser funktioniert „als im hektischen Internet-Umfeld" (ebd.) und man nach wie vor von einer starken Nutzung des Mediums ausgehen kann.

Allerdings ist die **Online-Kommunikation** für viele Unternehmen erstes Mittel der Wahl, wenn es um die Verbreitung gesellschaftspolitischer Inhalte geht. Spots in sozialen Netzwerken verbreiten sich schnell und erzielen hohe Reichweiten. Sie orientieren sich an Regeln des Storytelling, indem sie unterhalten und Menschen emotional ansprechen (vgl. Vaih-Baur 2018, S. 213). Auch ernstere Themen können hier mit einer gewissen Lockerheit präsentiert und ihnen so die Schwere genommen werden. So hat der Lebensmittelhändler EDEKA unter #Vielfalt ein virales Video produziert, das einen Supermarkt ohne ausländische Produkte sowie die Reaktionen der Kunden vor den fast leeren Regalen zeigt. Die Aktion für Vielfalt und gegen Rassismus wurde nicht nur in dem Supermarkt vor Ort, sondern auch im Netz hitzig diskutiert. Dies ist auf der einen Seite der wesentliche Vorteil viraler Kampagnen: Sie lösen Debatten und Interaktionen aus, was insbesondere bei gesellschaftspolitischen Themen ein gewünschter Effekt sein kann. Auf der anderen Seite bekommen die Unternehmen auch die Wut und den Hass der Menschen direkt zu spüren, bis hin zu Shitstorms und möglichen negativen Effekten auf Image und Reputation. Gleichwohl plädieren die befragten Experten dafür, gerade bei Themen, die mit gesellschaftlichen Wertvorstellungen zu tun haben, über soziale Medien Position zu beziehen und sich somit der Diskussion mit den eigenen Kunden zu stellen.

Darüber hinaus bietet ein traditionelles Online-Medium wie die Website ein Sprachrohr für gesellschaftspolitische Inhalte. Diese können auf der Website des

Unternehmens selbst oder auch auf der Seite der zugehörigen Unternehmensstiftung platziert werden.

Kommunikation findet aber nicht nur medial, ob online oder über die klassischen Massenmedien, statt, sondern auch in Eventformaten. Talkrunden zur Digitalisierung und ihren Auswirkungen, Fotoausstellungen über die Schicksale geflüchteter Menschen oder Volunteering Days, bei denen sich die Mitarbeiter einen Tag lang für das Gemeinwesen engagieren, sind weitere Möglichkeiten, die eigene Haltung sichtbar zu machen. Erwähnt sei an dieser Stelle noch einmal, dass Unternehmen sich auch in der Kommunikation nach außen (branchenübergreifend) zusammenschließen können, um ihren Anliegen noch mehr Gewicht zu verleihen.

4.3 Reaktionen

Wie reagieren die Stakeholder eines Unternehmens, wenn dieses sich in gesellschaftspolitischen Debatten zu Wort meldet? Da die Reaktion zumeist auf kommunikativem Wege erfolgt, setzt die Antwort auf diese Frage den Schlusspunkt des Kapitels zur Kommunikation der gesellschaftspolitischen Positionierung.

Die interviewten Unternehmensvertreter berichteten von überwiegend positivem Feedback. So ging einer der Befragten von zwei Drittel positiven Reaktionen aus, ein Drittel neutral bis negativ. Ein Bruch mit Erwartungen, z. B. durch die Integration gesellschaftspolitischer Statements in der Werbung, ist ebenfalls positiv konnotiert: „Man nimmt uns dann wahr, wir werden jünger; automatisch entsteht durch diese Form der Kommunikation das Attribut jung, dynamisch."

Auch die eigenen Mitarbeiter schätzen es offenbar, wenn Unternehmen Haltung beziehen: „das wärmt das Herz", wurde berichtet. Besonders beliebt sind demnach kommunikative Beiträge, die das Engagement der Mitarbeiter selbst betreffen.

Gleichwohl müssen sich die Unternehmen auch mit kritischen Stimmen auseinandersetzen, insbesondere, aber nicht nur in den sozialen Medien. Die meisten Kritiker vertreten die Meinung, dass ein Unternehmen sich nicht über den eigenen Geschäftszweck hinaus in politische Debatten einmischen soll. Mit dieser Reaktion sind Unternehmen überall auf der Welt konfrontiert. Als Starbucks ankündigte, 10.000 geflüchtete Menschen einstellen zu wollen, twitterten (ehemalige) Kunden:

> Anyone else sick of @Starbucks CEO's pushing HIS political agenda through our coffee and down our throats? #BoycottStarbucks (Taylor 2017, o. S.).

Wissenschaftlich abgesicherte Erklärungen gibt es für ein solches Verhalten noch nicht. Grigore und Molesworth (im Erscheinen) nehmen an, dass aufseiten der Bürger und Konsumenten unterdrückte Wut vorhanden ist, weil sie die globalen Unternehmen heutzutage als übermächtig empfinden. Es wären dann weniger abweichende Ansichten als vielmehr der Wunsch, es „denen da oben mal richtig zu zeigen" – mit verbalen Androhungen, möglicherweise aber auch mit Kaufboykotten.

Interessanterweise wird vonseiten der Unternehmen auf die kritischen Stimmen aber fast positiver reagiert als auf kritikloses Lob. Einer der Befragten empfindet zu großes Lob sogar als unangenehm, insbesondere, wenn es nicht zu einer weiteren konstruktiven Auseinandersetzung mit einem Thema führe. Sichtbarkeit zu gewinnen, berge immer Risiken: „Wenn man sich exponiert und sagt: schaut her, ich mach hier was und ich mach was Gutes, ruft man eher Kritiker auf den Plan, als wenn man gar nichts sagt."

Gleichwohl sei erwähnt, dass sich noch nicht viele Unternehmen zu politisch umstrittenen Themen exponiert haben und insofern nur wenige Erfahrungen mit entsprechenden Reaktionen vorliegen.

Welche langfristigen Auswirkungen, z. B. auf Image oder Reputation einer Marke, aber auch auf Kaufabsichten, bestehen, können die Unternehmen daher noch nicht sagen. Derzeit werden als Indikatoren klassische Kennzahlen des Kommunikationscontrollings, wie Reichweite, Share of Voice, u. a. herangezogen. Um festzustellen, ob die Menschen durch das gesellschaftspolitische Engagement eines Unternehmens ihre Einstellungen zu dem Unternehmen ändern oder andere Menschen als vorher das Unternehmen sympathisch finden, müssten über einen längeren Zeitraum Befragungen durchgeführt werden. Hier besteht also weiterer Forschungsbedarf.

Fazit

Gesellschaftspolitisches Engagement von Unternehmen bedeutet Kommunikation. Eine hohe Komplexität entsteht durch die verschiedenen Zielgruppen, die oft divergierende Interessen oder Standpunkte haben und da die Reaktionen der Medienöffentlichkeit nie vorhergesagt werden können. Die Kommunikationsmaßnahmen sind vielfältig, wobei der Social-Media-Kommunikation im gesellschaftspolitischen Engagement besondere Bedeutung zukommt.

Gesellschaftspolitisches Engagement: Kurzfristiger Hype oder Garant für nachhaltigen Vertrauensaufbau?

5

> However, we live in an age where brands are expected to speak out on social issues. Whether it's poor working conditions in factories, global warming or President Trump it is not uncommon for brands or their senior executives to take a stand on a social or political issue (Smith 2017, o. S.).

Politiker, Wissenschaftler, PR-Berater und Unternehmensvertreter selbst fordern zunehmend, dass Unternehmen in gesellschaftspolitischen Fragen Haltung zeigen. Sie begründen dies mit der Schwäche des Staates, der Komplexität globaler Entwicklungen, einem allgemeinen Verantwortungsgefühl oder auch mit positiven Effekten auf Image und Reputation. Gleichzeitig sehen Unternehmen sich mit teilweise paradoxen Erwartungen konfrontiert: Sie sollen Verantwortung für soziale und ökologische Belange übernehmen, dabei aber nicht zu stark werden, weil sie ja ausschließlich von eigenen Interessen geleitet werden und eigentlich nichts Gutes für die Gesellschaft wollen können.

Damit ist ein allgemeines Misstrauen angesprochen, unter dem nicht nur die Wirtschaftseliten, sondern auch andere gesellschaftliche Systeme stärker denn je leiden. Das in der Einleitung zitierte Edelman Trust Barometer weist seit Jahren sinkende Vertrauenswerte der Bevölkerung in Politik, Wirtschaft, Medien und NGOs nach. Während in der aktuellsten Umfrage die Medien die Institution darstellen, der am wenigsten vertraut wird (vgl. Edelman 2018, S. 17), zeigt sich für die Unternehmen ein Hoffnungsschimmer. So ist die Glaubwürdigkeit der CEOs zwischen 2017 und 2018 von 37 % auf 44 % gestiegen (vgl. ebd., S. 28). 64 % der Befragten stimmen zu, dass CEOs den gesellschaftlichen Wandel vorantreiben sollten; 69 % sind der Meinung, dass CEOs für mehr Vertrauen in ihre Organisation sorgen sollten – noch vor der Gewährleistung einer hohen Produkt- und Dienstleistungsqualität (vgl. ebd., S. 29). Und mehr als die Hälfte der Befragten ist sich sicher, dass Unternehmen zum Scheitern verurteilt sind, wenn sie nur an

S. Molthagen-Schnöring, *Gesellschaftspolitisches Engagement in Zeiten von Trump & Co.*, essentials, https://doi.org/10.1007/978-3-658-21591-0_5

sich selbst denken, anstatt Verantwortung für ihr weiteres Umfeld zu übernehmen (vgl. ebd., S. 31).

Dies sind erst einmal positive Befunde im Hinblick auf Vertrauen als neuer Währung in Politik und Wirtschaft.

Damit die gesellschaftspolitische Positionierung eines Unternehmens aber langfristig für Glaubwürdigkeit und Vertrauen sorgt, und zwar nicht nur bei gesellschaftlichen Eliten, sondern auch in der breiteren Bevölkerung, sind einige Punkte zu beachten.

1. Es hilft nichts, nach innen und außen eine Haltung zu gesellschaftspolitischen Fragestellungen einzunehmen, wenn auf der tatsächlichen Handlungsebene Missstände bestehen, wenn ein Unternehmen also bspw. mit unlauteren Methoden Geschäfte macht, Mitarbeiter schlecht behandelt werden oder Führungskräfte in Skandale verwickelt sind. In diesen Fällen wirkt eine gesellschaftspolitische Positionierung als Ablenkungsmanöver oder PR-Gag. Daraus folgt:
2. Für Unternehmen, die in ihrem Kerngeschäft gut aufgestellt sind und die als Beispiele guter Unternehmensführung gelten, hat eine gesellschaftspolitische Positionierung am ehesten positive und auch vertrauensbildende Effekte. Der Maßstab ist das glaubwürdige Agieren nach innen und außen in allen Dimensionen: ökonomisch, ökologisch, sozial und politisch. Umgekehrt gilt, dass Unternehmen mit negativem Image dies kaum durch gesellschaftspolitisches Engagement verbessern können.
3. Die gesellschaftspolitische Position muss nachvollziehbar und lösungsorientiert sein. In den von mir geführten Interviews mit Unternehmensvertretern wurde vielfach kritisiert, dass es an Lösungsorientierung mangelt, weil jeder gesellschaftliche Akteur sich in Abgrenzung zu anderen profilieren will. Dadurch schwindet nicht nur das Vertrauen in ein System wie die Wirtschaft, sondern auch das Vertrauen zwischen Systemen wie Politik und Wirtschaft, was wiederum vonseiten der Öffentlichkeit kritisch wahrgenommen wird. Aus einer „krampfhaft polarisierten Haltung“ heraus lässt sich schwer lösungsorientiert und vertrauensbildend agieren. Gleichzeitig bedeutet lösungsorientiert zu sein nicht, die Lösung immer schon zu kennen. In Anbetracht komplexer Probleme sind es zu Anfang eher die Fragen, die den Weg weisen und ein ehrliches Ringen um eine gute Antwort erkennen lassen.

4. Zu einer gesellschaftspolitischen Positionierung gehören Mut und die Bereitschaft, sich zu öffnen. Jedes Unternehmen, das in seiner Kommunikation ein gesellschaftspolitisch relevantes Thema adressiert – sei es Diversität, Klimawandel o. a. – muss mit negativen Reaktionen rechnen und diese aushalten. Wenn Unternehmen es ernst meinen mit ihrem Ansinnen, ein Gesicht zu zeigen, bedeutet dies aber auch, dass sie nahbarer werden müssen. Sie können sich dann nicht mehr nur hinter einer glatten Werbefassade verstecken, sondern sollten bspw. eine Sprache pflegen, die von den Menschen verstanden wird. Sympathie, als ein Indikator für Vertrauen, entsteht nicht zuletzt dann, wenn eine Person Ecken und Kanten hat und auch Fehler zugeben kann. Warum sollte dies nicht auch für ein Unternehmen gelten?
5. Gesellschaftspolitisches Engagement will gelernt sein und braucht Vorbilder. Im vorliegenden *essential* wurde mehrfach darauf hingewiesen, dass die unternehmerische Verantwortung für die Gesellschaft nichts Neues ist, sie sich aber immer wieder mit neuen Themen und damit auch in einem neuen Gewand zeigt. Ob man nun von Corporate Political Responsibility, Corporate Political Advocacy o. ä. spricht, ist zunächst einmal irrelevant, wobei neue Begriffe natürlich die Diskussion bereichern können. Eine Sensibilisierung für die politische Rolle von Unternehmen und die damit verbundenen Chancen und Risiken sollte nicht nur medial, sondern auch im edukativen Bereich erfolgen. Dafür müssen in den nächsten Jahren noch mehr empirische Beispiele für gesellschaftspolitische Aktivitäten und ihre Kommunikation gesammelt und verglichen werden.

2017 wurde der Wirtschaftsnobelpreis an den Ökonomen Richard Thaler verliehen. Thaler hat sich u. a. mit dem Einfluss kleiner Einflüsse auf das Entscheidungsverhalten, dem so genannten „Nudging“ auseinandergesetzt. Vielleicht sind es genau diese kleinen „Anstupser“, die Unternehmen mit ihrer gesellschaftspolitischen Positionierung bewirken, und durch die sich ein Mosaikstein in der Wahrnehmung und Einstellung von Menschen verändert: sowohl gegenüber den Unternehmen als auch gegenüber den drängenden Fragen unserer Zeit und der Haltung, die wir zu ihnen einnehmen.

Was Sie aus diesem *essential* mitnehmen können

- Immer mehr Unternehmen positionieren sich zu gesellschaftspolitischen Entwicklungen – insbesondere, wenn diese ihre Geschäftstätigkeit betreffen.
- Die Positionierung in gesellschaftspolitischen Debatten kann zur Stärkung von Image und Vertrauen beitragen – aber nur, wenn ein Unternehmen bereits in anderen Bereichen gut positioniert ist. Im Falle eines negativen Images wirkt eine gesellschaftspolitische Positionierung eher kontraproduktiv.
- Unternehmen, die eine Haltung zu gesellschaftspolitischen Fragen kommunizieren, müssen mit kontroverser Resonanz rechnen. Zumeist profitiert aber die Marke, weil ihr positive Attribute zugeschrieben werden.

S. Molthagen-Schnöring, *Gesellschaftspolitisches Engagement in Zeiten von Trump & Co.*, essentials, https://doi.org/10.1007/978-3-658-21591-0

Literatur

Anastasiadis, S. (2014). Toward a view of citizenship and lobbying: Corporate engagement in the political process. *Business & Society, 53*(2), 260–299.

Bauer, T. (2017). *Responsible lobbying. Conceptual foundations and empirical findings in the EU.* Wiesbaden: Springer.

Bentele, G., & Fähnrich, B. (2010). Personalisierung als sozialer Mechanismus in Medien und gesellschaftlichen Organisationen. In M. Eisenegger & W. Stefan (Hrsg.), *Personalisierung der Organisationskommunikation. Theoretische Zugänge, Empirie und Praxis* (S. 51–75). Wiesbaden: VS Verlag.

Bohnen, J. (2015a). Corporate Political Responsibility (CPR) – Warum Unternehmen sich offen politisch positionieren müssen. *ZPB Zeitschrift für Politikberatung, 7*(1–2), 55–58.

Bohnen, J. (2015b). Werdet politisch! *Cicero, 2*(2015), 88–90.

Bohnen, J. (2017). Corporate Political Responsibility – Unternehmen sollten ihre politische Marke entwickeln. *CSR Magazin, 2*(2017), 6–7.

Bonardi, J.-P., Hillman, A. J., & Keim, G. D. (2005). The attractiveness of political markets: Implications for firm strategy. *Academy of Management Review, 30*(2), 397–413.

Butzlaff, F. (2015). „In der Firma zählt der Mensch" – Familienunternehmer und Manager als zwei Pole zeitgenössischer Unternehmerpersönlichkeiten. In F. Walter & S. Marg (Hrsg.), *Sprachlose Elite? Wie Unternehmer Politik und Gesellschaft sehen* (S. 69–101). Hamburg: Rowolt.

Carroll, A. B. (1991). The pyramid of corporate social responsibility: Toward the moral management of organizational stakeholders. *Business Horizons, 34,* 39–48.

Carroll, A. B. (1999). Corporate social responsibility. Evolution of a definitional construct. *Business Horizons, 38*(3), 268–295.

Doh, J. P., Lawton, T. C., & Rajwani, T. (2012). Advancing nonmarket strategy research: Institutional perspectives in a changing world. *Academy of Management Perspectives, 26*(3), 22–39.

S. Molthagen-Schnöring, *Gesellschaftspolitisches Engagement in Zeiten von Trump & Co.,* essentials, https://doi.org/10.1007/978-3-658-21591-0

Europäische Kommission. (2011). *Mitteilung der Kommission an das Europäische Parlament, den Rat, den europäischen Wirtschafts- und Sozialausschuss und den Ausschuss der Regionen. Eine neue EU-Strategie (2011–2014) für die soziale Verantwortung der Unternehmen (CSR).* Brüssel.

Franck, G. (2007). *Ökonomie der Aufmerksamkeit: Ein Entwurf.* München: dtv.

Getz, K. A. (1997). Research in corporate political action. Integration and assessment. *Business & Society, 36*(1), 32–72.

Grigore, G., Molesworth, M. (im Erscheinen). *'Pouring politics down our throats': Political CSR communication and consumer catharsis.* Developments in Corporate Governance and Responsibility.

Hond, F. den, Rehbein, K., Bakker, F. de, & Hilde, K-van L. (2014). Playing on two chessboards: Reputation effects between Corporate Social Responsibility (CSR) and Corporate Political Activity (CPA). *Journal of Management Studies, 51*(5), 790–813.

Jänig, J.-R., & Mühlner, J. (2018). *Corporate Digital Responsibility: Verantwortung in der digitalen Gesellschaft.* Frankfurt: Frankfurter Allgemeine Buch.

Kommission der Europäischen Gemeinschaften. (2001). *Grünbuch – Europäische Rahmenbedingungen für die soziale Verantwortung von Unternehmen.* Brüssel.

Lorenz, R. (2015). „Mehr Unternehmergeist!" Unternehmer und ihr Blick auf Politik. In F. Walter & S. Marg (Hrsg.), *Sprachlose Elite? Wie Unternehmer Politik und Gesellschaft sehen* (S. 102–133). Hamburg: Rowolt.

Marg, S., & Walter, F. (2015). Unternehmer und Gesellschaft. Einleitende Bemerkungen zum Vorgehen und zur Methodik. In S. Marg & F. Walter (Hrsg.), *Sprachlose Elite? Wie Unternehmer Politik und Gesellschaft sehen* (S. 9–29). Hamburg: Rowolt.

Matten, D., & Crane, A. (2005). Corporate citizenship: Toward an extended theoretical conceptualization. *Academy of Management Review, 30*(1), 166–179.

Neubacher, B. (2018). *Aus der Nische in den Mainstream.* Börsenzeitung vom 09.01.2018, (S. 3).

Scherer, A. G., & Palazzo, G. (2007). Toward a political conception of corporate responsibility: Business and society seen from a Habermasian perspective. *Academy of Management Review, 32*(4), 1096–1120.

Scherer, A. G., & Palazzo, G. (2012). The new political role of business in a globalized world – A review of a new perspective on CSR and its implications for the firm, governance, and democracy. In C. Hans & R. Stefan (Hrsg.), *Nachhaltigkeit. Unternehmerisches Handeln in globaler Verantwortung* (S. 15–50). Wiesbaden: Springer.

Schreck, P. (2009). *The business case for corporate social responsibility. Understanding and measuring economic impacts of corporate social performance.* Heidelberg: Physica-Verlag.

Vaih-Baur, C. (2018). Storytelling als Textmuster auf dem Weg zur Etablierung. In F.-K. Susanne & S. Molthagen-Schnöring (Hrsg.), *Textspiele in der Wirtschaftskommunikation. Texte und Sprache zwischen Normierung und Abweichung* (S. 185–216). Wiesbaden: Springer.

Walter, F., & Marg, S. (Hrsg.). (2015). *Sprachlose Elite? Wie Unternehmer Politik und Gesellschaft sehen.* Hamburg: Rowohlt.

Wettstein, F., & Baur, D. (2016). „Why should we care about marriage equality?": Political advocacy as a part of corporate responsibility. *Journal of Business Ethics, 138,* 199–213.

Online-Quellen

Allianz, S. E. (2018). Allianz Risk Barometer 2018. https://www.allianz.com/de/presse/news/studien/180116_Allianz-Risk-Barometer-2018/. Zugegriffen: 12. Febr. 2018.

Bartl, M. (2017). Deutsche-Bahn-Marketingchefin Antje Neubauer über Haltung: „Wir können nicht unpolitisch sein". https://kress.de/news/detail/beitrag/137953-bahn-marketingchefin-antje-neubauer-ueber-haltung-wir-koennen-nicht-unpolitisch-sein.html. Zugegriffen: 12. Febr. 2018.

Dierig, C. et al. (2017): Nur amerikanische Chefs wagen klare Worte gegen Trump. https://www.welt.de/wirtschaft/article161662459/Nur-amerikanische-Chefs-wagen-klare-Worte-gegen-Trump.html. Zugegriffen: 12. Febr. 2018.

Edelman. (2018). 2018 Edelman Trust Barometer. http://cms.edelman.com/sites/default/files/2018-02/2018_Edelman_Trust_Barometer_Global_Report_FEB.pdf. Zugegriffen: 18. Febr. 2018.

FAZ.NET. (2016). Tabu-Bruch bei der Deutschen Bahn. http://www.faz.net/aktuell/wirtschaft/unternehmen/deutsche-bahn-wirbt-mit-homosexuellem-fussballer-14265279.html. Zugegriffen: 15. Febr. 2018.

fritz-kola. (2017). mensch, wach auf! http://www.fritz-kola.de/menschwachauf/. Zugegriffen: 12. Febr. 2018.

Jauernig, H. (2017). „Schaden vom Standort Deutschland abwenden". http://www.spiegel.de/wirtschaft/unternehmen/bdi-chef-dieter-kempf-gegen-afd-schaden-vom-standort-deutschland-abwenden-a-1169718.html. Zugegriffen: 12. Febr. 2018.

Koch, T. (2015). Marken müssen Haltung annehmen! http://www.wiwo.de/unternehmen/handel/werbesprech-marken-muessen-haltung-annehmen/11508856.html. Zugegriffen: 12. Febr. 2018.

Loew, T., & Braun, S. (2009). CSR-Handlungsfelder – die Vielfalt verstehen. Ein Vergleich der Handlungsfelder aus der Perspektive von Unternehmen, Politik, GRI und ISO 26000. http://www.4sustainability.de/fileadmin/redakteur/Publikationen/Loew-Braun2009_CSR-Handlungsfelder-im-Vergleich.pdf. Zugegriffen: 12. Jan. 2018.

manager magazin. (2018). Joe Kaeser lobt Trump – und tritt gleich darauf in Fettnapf. http://www.manager-magazin.de/politik/weltwirtschaft/joe-kaeser-siemens-chef-speist-mit-donald-trump-und-gratuliert-a-1189902.html. Zugegriffen: 12. Febr. 2018.

Maritim Hotels. (2017). Maritim Hotelkette positioniert sich gegenüber AfD. http://presse.maritim.de/news/maritim-hotelkette-positioniert-sich-gegenueber-afd-220392. Zugegriffen: 12. Febr. 2018.

Mayr, S., & Rietzschel, A. (2018). Rechtsextreme Betriebsräte beunruhigen Daimler. http://www.sueddeutsche.de/wirtschaft/extremismus-rechte-betriebsraete-beunruhigen-daimler-1.3862923. Zugegriffen: 12. Febr. 2018.

Naß, M. (2018). Schleimen ist Chefsache. http://www.zeit.de/wirtschaft/2018-01/donald-trump-davos-siemens-bayer-5vor8. Zugegriffen: 12. Febr. 2018.

Neubauer, A. (2017). Mehr Haltung, bitte! http://www.manager-magazin.de/unternehmen/artikel/marketing-warum-unternehmen-mehr-haltung-zeigen-sollten-a-1152080.html. Zugegriffen 12. Febr. 2018.

Nomos Glashütte. (2017). Offener Brief. https://nomos-glashuette.com/media/pdf/3f/8a/6f/Offener_Brief_Bundestagswahl_2017_AfD.pdf. Zugegriffen: 12. Febr. 2018.

Otto Group. (2013). Lebensqualität. Konsumethik zwischen persönlichem Vorteil und sozialer Verantwortung. Otto Group Trendstudie zum ethischen Konsum. https://www.ottogroup.com/media/docs/de/trendstudie/1_Otto_Group_Trendstudie_2013.pdf. Zugegriffen: 19. Febr. 2018.

Schröter, R. (2017). Telekom demonstriert Stärke. https://www.wuv.de/marketing/telekom_demonstriert_staerke. Zugegriffen: 12. Febr. 2018.

Smith, R. (2017). Pepsi and the Dangers of Politicising Brands. https://influenceonline.co.uk/2017/04/21/pepsi-dangers-politicising-brands/. Zugegriffen: 18. Febr. 2018.

Taylor, K. (2017). People are boycotting Starbucks after CEO announces plan to hire thousands of refugees. https://it.businessinsider.com/starbucks-boycott-after-ceos-refugee-support-2017-1/?refresh_ce. Zugegriffen 19. Febr. 2018.

thyssenkrupp. (2018). Code of Conduct. https://www.thyssenkrupp.com/de/unternehmen/compliance/code-of-conduct/. Zugegriffen: 12. Febr. 2018.

Wright, M. (2017). Super Bowl 2017: Americans threaten to BOYCOTT Budweiser over pro-immigration commercial. https://www.express.co.uk/showbiz/tv-radio/762133/Super-Bowl-2017-Americans-boycott-Budweiser-pro-immigration-commercial. Zugegriffen: 12. Febr. 2018.

ZEIT Online. (2015): Telekom-Chef Höttges für bedingungsloses Grundeinkommen. http://www.zeit.de/wirtschaft/2015-12/digitale-revolution-telekom-timotheus-hoettges-interview. Zugegriffen: 12. Febr. 2018.

Zerback, S. (2015). Kaufkraft ohne Moral? http://www.deutschlandfunk.de/konsumverhalten-von-jugendlichen-kaufkraft-ohne-moral.724.de.html?dram:article_id=327063. Zugegriffen: 19. Febr. 2018.